監修 渡辺 均

インテリアグリーンを楽しむ

はじめての

観葉植物

育て方と
手入れのコツ

はじめての観葉植物 もくじ

インテリアグリーンを飾る

グリーンの選び方・飾り方 8
ダイニングに飾る 12
窓辺に飾る 16
寄せ植え 20

リビングに飾る 10
キッチンに飾る 14
小物と飾る 18
エントランスに飾る 19
ハイドロカルチャー 24

栽培カタログ

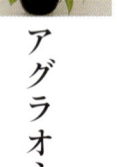
アカリファ 26

アナナス類 32

アロカシア 40

アグラオネマ 28

アフェランドラ 36

アンスリウム 42

アスパラガス 30

アロエ 38

エスキナンサス 44

ネムノキ —— 114	トックリラン —— 108	ディジゴセカ —— 102	ストレリチア —— 96	シュロチク —— 90	シペラス —— 84
ハートカズラ —— 116	ドラセナ —— 110	ディフェンバキア —— 104	スパティフィラム —— 98	食虫植物 —— 92	シマトネリコ —— 86
ハイビスカス —— 118	トラディスカンチア —— 112	デュランタ —— 106	ツピタンサス —— 100	シンゴニウム —— 94	ジャカランダ —— 88

ミルクブッシュ 152	ペペロミア 146	ベゴニア 140	フィロデンドロン 134	ピレア 126	パキラ 120
モンステラ 154	ポトス 148	ヘデラ 142	ブライダルベール 136	フィカス類 128	バナナ 122
ユッカ 156	マランタ 150	ベビーティアーズ 144	プレクトランサス 138	フィットニア 132	ヒポエステス 124

観葉植物の育て方

ワイヤープランツ —— 158

ヤシ類 —— 160

日当たりと置き場所 164
用土 166
水やり 168
肥料 170
病害虫 172
冬越し・夏越し 174
植え替え 176
挿し木1 178
挿し木2 180
取り木 182
株分け 184
必要な道具 186

■ 観葉植物用語解説 187
■ さくいん 191

栽培方法
- 植物名：分類された植物の名前です。流通名を基本にしています。'○○'となっているものは品種名です。
- 学　名：「属名＋種小名」（二名法）を表記しています。
- 科・属名：植物分類学で分類された科名を示します。
- 栽培イラスト：株分けや挿し木などの作業をイラストで説明します。

- 植物名：項目見出しです。植物名は流通名や総称を基本とし、一部にグループ名で立項されているものもあります。分類上は同じ種も別項目として立てている場合があります。
- 学名：国際共通の学術上の名前です。基本的に属名のみを使用していますが、分類上ひとつの植物だけで立項した場合「属名＋種小名」（二名法）を表記しています。
- 科名：植物分類学で分類された科名を示します。
- 別名：流通名以外に、使われる名前があればそれを表記します。

飾り方のポイント
飾り方や置き場所をイラストつきで解説します。

栽培カレンダー
南関東地方を基準にしています。

インテリアグリーンを飾る

グリーンの選び方・飾り方

飾る植物は、まず日当たり、半日陰、日陰の好みを確認してから、形、色、大きさ、高さを考えて部屋のバランスを見ながら選びましょう。

日当たりによって植物を選ぶ

観葉植物は、その植物が日光を好むのか嫌うのかということが置き場所に大きく影響するので、観葉植物を選ぶ際には、まずどう利用したいか（どこに置きたいか）を考え、その場所の日光の強さ、当たりかたを考慮する必要があります。逆にいえば、その観葉植物の日当たりの好みによって、その置き場所が限定される、ということがいえます。

強い日光を好む植物の場合はより日射しが当たるようにし、また弱光線を好む植物の場合は夏の強い日射しが入る場合は遮光したり、窓から遠ざけて直射日光が当たらないようにする工夫が必要です。

観葉植物は形、色、大きさなど、それぞれに特徴があります。高さのある植物は壁際やコーナーなどに似合います。窓際にはハンギングや小さな株、中くらいの大きさの植物、テーブルには小さい植物など、部屋の日当たりを考慮しながら、どこに配置したらよいのか確認します。インテリアグリーンとして見栄えがよいのか確認します。ポイントは家具とバランスよくレイアウトすることです。

■ 窓辺

日射しを好むものを置きますが、レースのカーテンで日光を調節すれば大抵の植物は飾れます。デュランタ（→106P）、シッサス（→82P）、クロトン（→64P）など。

■ 壁際

高さのあるものは壁際に置きますが、日当たりを考慮します。フィカス類（→128P）、ヤシ類（→160P）、ストレリチア（→96P）、アロカシア（→40P）など。

■ テーブル

テーブルの上には邪魔にならないような小さい株を飾ります。半日陰や日陰で育つものを選びます。テーブルヤシ（→160P）、フィットニア（→132P）、シダ類（→78P）など。

内装に合わせた飾り方
白いタイルの落ち着いたトイレには
主張しすぎないグリーンを選び、
鉢も白色にすれば全体の雰囲気も
調和します。
写真はアジアンタム（→78P）。

組み合わせ方
高さのある植物と低く垂れ下がる植物を組み合わせる場合は、
低い鉢に上に伸びるもの、高い鉢に垂れ下がるものを選びます。
左からアスプレニウム（→79P）、シュガーバイン（→82P）。

グリーンに合わせた鉢選び
鉢は観葉植物を引き立たせたり、インテリアとしての
機能もあります。植物に合わせて鉢も選ぶことが大切です。
左からアスパラガス（→30P）、ピレア（→126P）、
フィカス・プミラ（→129P）。

個性のあるグリーン
葉が個性的なものは、個性が強いもの同士合わせても
楽しめます。単体で飾る場合は鉢も個性的なものを。
左からポトス（→148P）、ベゴニア（→140P）、
カラテア（→52P）。

台や階段を利用
高さのないグリーンは床に置くと目立ちにくいので
階段や台を使って目線の届く高さにします。
上からテーブルヤシ（→160P）、ヘデラ（→142P）、ワイヤープランツ（→158P）。

リビングに飾る

日当たりのよい場所が多いリビングは、植物にとって生育しやすい場所。人が集まるところなので飾りすぎないようにシンプルに仕上げましょう。

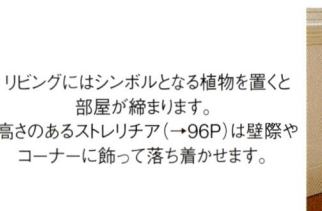

シンボルツリーを2本飾る場合はバランスを考え、
葉の大きな植物を飾ったら、
反対には葉の小さな植物を飾ります。
テーブルや家具などよく使うものには
邪魔にならないように植物を置きます。

リビングにはシンボルとなる植物を置くと
部屋が締まります。
高さのあるストレリチア（→96P）は壁際や
コーナーに飾って落ち着かせます。

高さがある植物と葉が広がる植物を組み合わせて
目線に動きをつけます。
左からテーブルヤシ（→160P）、フィットニア（→132P）。

アンティークの家具に飾られたヘデラ(→142P)。
垂れ下がるように置いてグリーンの面積を広げています。

葉が軽やかなベンジャミナ(→130P)は
インテリアにもよく合います。
日当たりを好むので窓辺に飾ります。

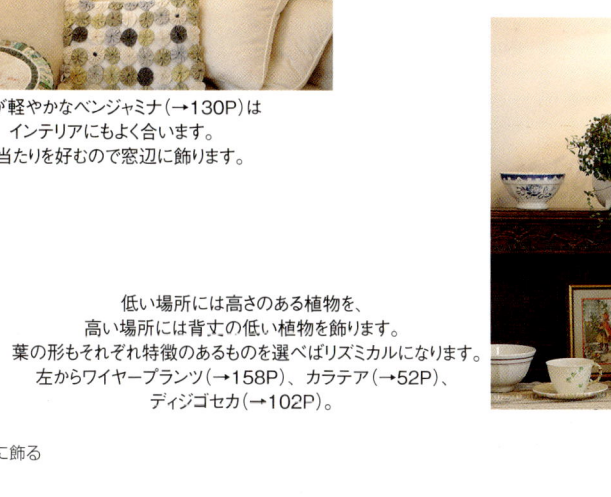

低い場所には高さのある植物を、
高い場所には背丈の低い植物を飾ります。
葉の形もそれぞれ特徴のあるものを選べばリズミカルになります。
左からワイヤープランツ(→158P)、カラテア(→52P)、
ディジゴセカ(→102P)。

ダイニングに飾る

ダイニングは食事をするところなので、清潔感のある植物を飾りましょう。動きやすさも考えて配置する植物を選びます。

ダイニングでは生活動線を確保するために
横に広がらない植物を選びます。
直線的な植物を選びつつ、全体のバランスを考えましょう。

ダイニングに高さのある植物を飾る場合は、
機能性を考えて縦にまっすぐ伸びる植物を選びます。
写真はドラセナ・コンシンネ（→110P）。

食器棚もさりげなく植物を飾ればすっきりとした印象になります。
葉色の違う植物を上下に配置すれば、棚の輪郭がはっきりします。
上からポトス（→148P）、シュガーバイン（→82P）。

テーブルに少し個性的な葉色の植物と、爽やかな葉の植物を飾れば
落ち着きのなかにも華やかさをプラスしてくれます。左からフィカス・プミラ（→129P）、ベゴニア（→140P）。

キッチンに飾る

生活の源ともいえるキッチンでは、グリーンがあるだけで心地よい空間に変わります。ダイニングと同じく、動きやすさを考えましょう。

シンプルな鉢だけでなく、個性的な色の鉢を選べば
キッチンのアクセントになります。
シャープな鉢は狭いスペースにも有効です。
左からフィカス・プミラ(→129P)、パキラ(→120P)、
ツデイ(→80P)、シュガーバイン(→82P)。

白い斑の入ったフィカス・プミラ(→129P)は
白色の鉢に入れて清潔感を出します。
つる状に葉を横に広げるので小さくてもボリュームがあります。

アジアンタム（→78P）は湿度のあるキッチンにぴったりの植物です。
ふわっとした姿はキッチンをより爽やかな空間にしてくれます。

ガラスのコップにハイドロボールを使って育てれば、
鉢植えとはまた違った印象になります。
左からヘデラ（→142P）とフィットニア（→132P）、アスパラガス（→30P）。

キッチンは、物が多くなりがちですが、
グリーンを飾れば視線がそちらに向くので
物の多さもあまり気になりません。
鉢の形や色の組み合わせは、
シンプルなキッチンほど大切になります。

使わなくなったコップに
アジアンタム（→78P）を植えたり、
ビンにヘデラ（→142P）を入れてもおしゃれです。

窓辺に飾る

窓辺は日当たりがよいので、ほとんどの植物を飾ることができます。窓の大きさや高さとのバランスを見ながらグリーンを選びます。

小さな窓には台を置いて視線と窓の高さを調節します。
大きな植物だけだとその下の空間が物足りないので
小さな鉢もバランスよく飾ります。
左からネフロレピス(→80P)、モンステラ(→154P)。

床に置いたら視線が届かないワイヤープランツ（→158P）も台に乗せれば、高さも印象もちょうどよくなります。下にはスマートな鉢に植えたパキラ（→120P）を置いて。

階段の窓辺もグリーンを置くには最適な場所です。
リズムをつけて飾ります。
上からエバーフレッシュ（→114P）、
テーブルヤシ（→160P）、ヘデラ（→142P）、
ワイヤープランツ（→158P）。

存在感のある大きな植物を飾ると、
がらっと雰囲気が変わります。
このとき窓の幅と高さのバランスを考えます。
写真はモンステラ（→154P）。

チェアにアスプレニウム（→79P）を飾り、
下に赤い鉢に植えたサンスベリア（→74P）を置けば
窓辺のアクセントになります。

物が横に並んでいるときは、
つる性の垂れ下がる植物を飾ると
視線が縦に流れてバランスがよくなります。
写真はシュガーバイン（→82P）。

チェアにグリーンを置くと床に置いたときよりも
視線も印象も変わります。
いつもと印象を変えたいときはチェアや台を利用しましょう。
写真はモンステラ（→154P）。

小物と飾る

グリーンの飾り方に飽きてしまったら、小物と一緒に飾ってみましょう。それまでとは違った印象になってバランスもよくなります。

ラックを利用して、かわいらしい小物と
グリーンをバランスよく飾ります。
中に物を置きすぎないことがポイントです。
上段ヘデラ、
中段左からアスパラガス（→30P）、
フィットニア（→132P）、
下段左からピレア（→126P）、カラテア（→52P）。

エントランスに飾る

家の顔ともいえる玄関は家主の個性が見えるところ。訪れる人を気持ちよく迎えられるようなコーディネートを心がけましょう。

エントランス前はバランスを考えてグリーンで演出します。
エントランスの印象に合わせて植物を選びましょう。
左からヘデラ(→142P)、アナナス(→32P)、アグラオネマ(→28P)、ネフロレピス(→80P)、フィットニア(→132P)。

玄関の小窓には垂れ下がるグリーンを置いて爽やかな印象にします。
鉢は玄関の印象に合わせます。
左からアスパラガス(→30P)、ヘデラ(→142P)。

スペースのない玄関ではまっすぐに伸びるグリーンを選びます。
鉢もシンプルなものを選びましょう。
写真はアルティッシマ(→128P)。

寄せ植え

いくつかの観葉植物を集めて、寄せ植えを楽しむ

高さがある植物

高さのあるグリーンは寄せ植えの中心になるものです。シャープな印象にしたい場合は葉の細いもの、ボリュームを出したい場合は葉の大きなもの、葉の茂るものを選びます。

 シェフレラ（→76P）

 クロトン（→64P）

 コーヒーノキ（→68P）

高さのない植物

それほど高くならないものは、高さのあるものを引き立たせる役目になります。寄せ植えにする植物のバランスを考えて配置するようにします。

 ディフェンバキア（→104P）

 アフェランドラ（→36P）

 アスパラガス（→30P）

株が広がる植物

つる性の植物や葉が横に広がるものはグラウンドカバー（土を隠すもの）として利用できます。縦の視線から横の視線へと安定させる役目があるので寄せ植えのバランスがよくなります。

 フィットニア（→132P）

 ヘデラ（→142P）

 ポトス（→148P）

観葉植物はいくつかの種類を寄せ植えをすると、また違った印象になります。この場合、寄せ植えにする植物は、日当たり、水やりなど生育条件の近いものを選びます。

寄せ植えをするときのポイントは植物の高さを2～3に分けることです。まず、寄せ植えの中心となる植物を決め、次に組み合わせる植物を選びます。このとき、中心となる植物を引き立たせるようにすると効果的です。また、土を隠すためにヘデラなどつる性の植物や水苔、化粧石などを使うと見栄えもすっきりします。個性の強い植物には、葉に白色の斑が入った植物を組み合わせると全体がまとまりやすくなります。

寄せ植えにする植物を決めたら、植物を鉢に入れて高さや位置を確認してから植えつけます。植えつける手順は鉢に3分の1ほどの用土を入れ、高さのある植物から低い植物の順に植えつけます。

アレンジ方法 1 シェフレラの寄せ植え

用意するもの

観葉植物専用土

ネット

鉢

赤玉土大粒

観葉植物

シェフレラ'スターシャイン'(→76P)
ディフェンバキア'カミーラ'(→104P)
フィカス・プミラ'サニーホワイト'(→129P)
ポトス'ライム'(→148P)
フィットニア'サニー・レッド'(→132P)

3 植物をポットのまま入れて配置を決める

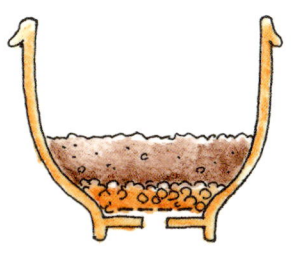

2 赤玉土を鉢の底が隠れるくらい入れ、市販の観葉植物専用土を3分の1ほど入れる

1 やや深めの鉢を選び、鉢底にネットを入れて鉢穴をふさぐ

6 植えつけた苗の周囲に鉢の縁から2〜3cmほど下がったところまで土の表面が来るように用土を入れ、たっぷりと水やりをして完成

5 デザインが決まったら、高さのある植物から順番に根鉢をほぐして植えつける

4 株もとの高さが同じになるように用土を入れて調節する

アレンジ方法 2 クロトンの寄せ植え

用意するもの

観葉植物専用土

ネット

鉢

軽石

観葉植物

ラセンクロトン（→64P）
フィットニア（→132P）
ヘデラ（→142P）

ラセンクロトン
ヘデラ
ヘデラ
フィットニア

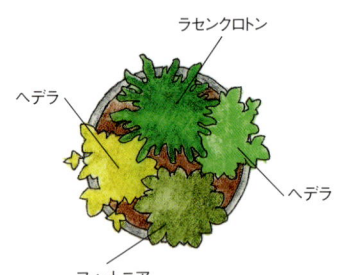

3 植物を入れて配置を決める。株もとの高さがすべて同じになるように用土を入れて調節する

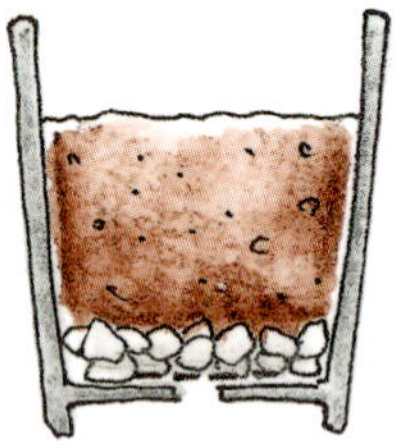

2 深い鉢なので市販の観葉植物専用土を3分の2ほど入れる

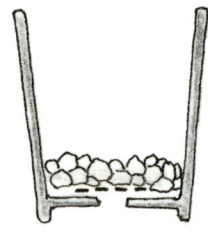

1 鉢底にネットを入れて鉢穴をふさぎ、軽石を鉢の底が隠れるくらい入れる

6 たっぷりと水やりをして完成

5 植えつけた苗の周囲に鉢の縁から2〜3cmほど下がったところに土の表面が来るように用土を入れる

4 デザインが決まったら、ラセンクロトンの根鉢をほぐして植え、順次植えつける

アレンジ方法 3　エバーフレッシュの寄せ植え

用意するもの

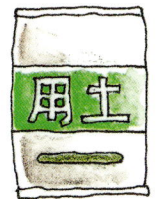
観葉植物専用土

ネット

化粧石（軽石）

鉢

赤玉土大粒

観葉植物

- エバーフレッシュ（→114P）
- ディフェンバキア（→104P）
- ドラセナ・コンシンネ（→110P）
- グズマニア斑入り（→35P）
- ヘデラ（→142P）
- フィカス・プミラ（→129P）
- ホヤ斑入り

3 配置が決まったら、高さのある植物から順番に根鉢をほぐして植えつける

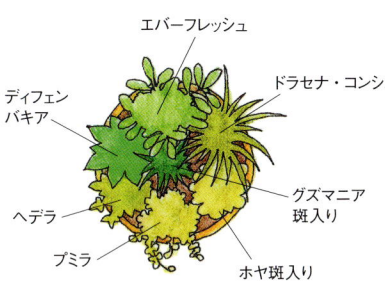

2 植物をポットのまま入れて配置を決める。株もとの高さが同じになるように用土を入れて調節する

1 鉢底にネットを入れて鉢穴をふさぐ。赤玉土を鉢の底が隠れるくらい入れ、市販の観葉植物専用土を3分の1ほど入れる

6 たっぷりと水やりをして完成

5 飾りの化粧石（軽石）を土の表面に均一に入れ、小物を飾る

4 植えつけた苗の周囲に鉢の縁から2〜3cmほど下がったところに土の表面が来るように用土を入れる

ハイドロカルチャー

ハイドロカルチャー（＝水耕栽培）でシンプルに飾る

ハイドロカルチャーとはハイドロボール（水耕栽培専用の人工土）を使った水耕栽培のことです。水耕栽培は専用の鉢のほか、コップや食器などふつうの鉢とは違ったものを利用できます。

水とハイドロカルチャー用の液肥のみで栽培できますが、水の量が多すぎると根を傷めてしまうことがあります。ガラス製の容器であれば、水の具合もわかりやすく見た目もきれいです。

写真右からハイビスカス（→118P）、フィロデンドロン（→134P）、ドラセナ・コンシンネ（→110P）とつる植物。

観葉植物

ポトス（→148P）

用意するもの

ガラス容器

ハイドロボール

根腐れ防止剤

1 鉢から取り出し、根鉢を洗って土をきれいに落とす

2 容器の底が隠れるくらいに根腐れ防止剤入れる

3 湿らせたハイドロボールを容器の3分の1ほど入れ、植物を置いて位置を決める

4 ハイドロボールを入れてしっかり固定させる。このとき根のすき間にも入れる

5 表面を平らになるよう細い棒でならす

6 植え終わったら水を容器の4分の1～5分の1くらい入れる

栽培カタログ

アカリファ

Acalypha

●トウダイグサ科

[別名]ベニヒモノキ（*A. hispida*）

赤い穂状の花を下に垂らすヒスパニオラエ（キャットテール）が人気

キャットテール
Acalypha hispaniolae
トウダイグサ科エノキグサ属

アカリファ・ヒスパニオラエはキャットテールとして流通しています。赤い穂状の花が美しく、葉とのコントラストが楽しめます。強い日射しを好むので、日のよく当たるところに置きます。

水やり
多湿を好みます。晩秋から初春にかけてはやや乾かし気味にしますが、春から秋にかけては鉢土が乾いたらたっぷりと水を与えます。とくに夏の間は毎日たっぷりと水やりをします。

肥料
5月半ばから10月にかけて、2カ月に1回、緩効性の化成肥料を施します。また1～2週間に1回、薄い液肥を与えます。

病害虫
病害虫の心配はほとんどありませんが、アブラムシや、風通しが悪いとハダニやオンシツコナジラミが発生します。発生したら早めに薬剤で駆除します。

繁殖
挿し木でふやします。活着がよく、太い枝も挿し木に使えます。枝先を4～5cm切り取り挿し穂とします。適期は5月下旬から7月上旬です。

CALENDAR

月	日当たり	水やり	施肥	繁殖	越冬温度
1	ガラス越しの日光	乾かし気味			5℃以上
2	ガラス越しの日光	乾かし気味			
3	鉢土が乾いたらたっぷり				
4	鉢土が乾いたらたっぷり				
5	鉢土が乾いたらたっぷり	2カ月に1回	挿し木		
6	直射日光	毎日たっぷり	2カ月に1回	挿し木	
7	直射日光	毎日たっぷり	2カ月に1回	挿し木	
8	直射日光	毎日たっぷり	2カ月に1回		
9	直射日光	毎日たっぷり	2カ月に1回		
10	鉢土が乾いたらたっぷり	2カ月に1回			
11	ガラス越しの日光	乾かし気味			
12	ガラス越しの日光	乾かし気味			

アカリファ
Acalyphas

キャットテールの花。ふわふわした花が猫のしっぽのようです。春から秋にかけて咲き続けます。

アカリファ
Acalypha
トウダイグサ科エノキグサ属

アカリファの一品種。葉の縁に色が付き、葉も赤くなります。多湿を好むため、春から秋には鉢土が乾いたらたっぷりと水やりをします。ただし冬の間は乾かし気味に管理します。

挿し木

1 前年枝のなかから充実したものを選び、枝先を4〜5cm切り取り挿し穂とする

2 挿し穂の下葉を落とし、大きな葉は先半分を切る

4 1カ月ほどして根が出て、新葉が発生したら、鉢に移植して水やりをする。培養土は観葉植物専用土を使うとよい

3 湿らせた赤玉土小粒で挿し床をつくり、挿し穂を挿す。半日陰に置いて20℃以上で湿度の高い状態を保つ

飾り方のポイント

人気のキャットテール（アカリファ・ヒスパニオラエ）は、茎が細く横に這う性質があるため、吊り鉢などに仕立てるのもよいでしょう。

アグラオネマ

Aglaonema

● サトイモ科

葉の模様は種類によってさまざま。葉の美しいものが人気

'シルバークイーン'
Aglaonema commutatum
サトイモ科リョウチク属

茎が直立し、濃緑色の葉に、銀青色の矢羽に似た形の斑が入ります。高温多湿を好み、明るい日陰でよく育ちます。湿度を好むため、生育期には鉢土の表面が乾き始めたらたっぷりと水やりをします。冬場は乾かし気味に管理します。

水やり
冬の間は耐寒性を高めるために、鉢土は乾燥気味に管理します。春から秋にかけては、鉢土の表面が乾いたらたっぷりと水やりをします。

肥料
5月から9月の間、2カ月に1回の割合で、緩効性の化成肥料を施します。あわせて、2週間に1回程度、薄い液肥を施すとよいでしょう。

病害虫
風通しの悪い室内で管理すると、カイガラムシやハダニが発生することがあります。カイガラムシは発生初期に見つけたら歯ブラシなどでこすり落とします。多く発生した場合は薬剤で駆除します。ハダニには殺ダニ剤を散布します。

繁殖
挿し木や株分けでふやすことができます。適期は5月中旬から8月の高温期。根の発育がよいので毎年夏に植え替えをし、そのときに株分けをします。

CALENDAR

越冬温度 12℃以上

月	日当たり	水やり	施肥	繁殖
1	ガラス越しの日光	乾かし気味		
2				
3				
4		鉢土が乾いたらたっぷり	2カ月に1回	株分け・挿し木
5	直射日光			
6				
7				
8				
9	ガラス越しの日光			
10				
11		乾かし気味		
12				

アグラオネマ *Aglaonemas*

'ホワイトラジャ'
Aglaonema commutatum
サトイモ科リョウチク属

黄緑色の葉に白い斑が入ります。茎が白くやわらかな印象になります。明るい日陰を好み、秋から初夏にかけてはレースのカーテン越しの光で育てます。春から秋にかけてたっぷりと水やりをします。

飾り方のポイント

強い日射しを嫌うので、夏は直射日光の当たらない明るい場所に置きます。葉の淡い色はカラフルな鉢にもぴったりです。

株分け

4 5〜6号鉢に観葉植物専用土を入れ、ひと株ずつ植えつけ、水やりをする

3 古い根、傷んだ根を切り捨て、絡んだ根をほぐすようにしながらひと株ずつ分ける

2 葉先が枯れたもの、変色した葉は株もとから切り取る

1 鉢から抜き取り、竹串や割りばしなど細い棒を使って、根を傷めないように注意しながら、古い土をできるだけきれいに落とす

アスパラガス

Asparagus

●キジカクシ科
[別名] クサスギカズラ

葉姿はどれも繊細でインテリアとして最適

'ナヌス'
Asparagus setaceus
キジカクシ科クサスギカズラ属

もっとも多く出回っているアスパラガスの仲間です。仮葉（枝が変化したもの）がとても細かく密生し、繊細で涼しげな雰囲気があります。茎にはとげがあります。日光によく当てて育てますが、夏の強い陽射しでは葉焼けするので、遮光します。

水やり

比較的乾燥に強い植物です。冬の間は乾かし気味に管理し、空気が乾燥する時期には午前中の暖かい時間に葉水を与えます。春から秋には、鉢土の表面が乾き始めたら、たっぷりと水やりをします。

肥料

春から秋の間、2カ月に1回、緩効性化成肥料を置き肥します。4月に緩効性の化成肥料を1回置き肥し、その後9月まで1カ月に1回、薄めの液肥を施してもよいでしょう。

病害虫

乾燥時期にハダニが発生することがあります。葉水を頻繁にして乾燥を防いで発生を予防し、発生したら薬剤で防除します。

繁殖

生長が早く根詰まりを起こしやすいので、毎年4～6月に植え替えをします。このときに株分けをしてふやすことができます。

CALENDAR

越冬温度 5℃以上

月	日当たり	水やり	施肥	繁殖
1	ガラス越しの日光	乾かし気味		
2				
3				
4	戸外の半日陰 戸外の日なた	鉢土が乾いたらたっぷり	2カ月に1回	株分け
5				
6				
7	戸外の日なた			
8				
9				
10				
11	ガラス越しの日光	乾かし気味		
12				

アスパラガス *Asparagus*

'スプレンゲリー'
Asparagus densiflorus
キジカクシ科クサスギカズラ属

アスパラガスの園芸品種のひとつで、茎が直立して伸びず、四方に広がるように下垂するため、吊り鉢などに適しています。日光を好みますが、夏は直射日光を避けます。鉢土の表面が乾いたら水やりをします。

株分け

1　株が大きく茂り、根が鉢いっぱいに回ったら植え替えを兼ねて株分けをする

2　鉢から株を抜き取り、竹串など細い棒を使って根鉢をくずし、古い土を2分の1〜3分の2ほど落とす

3　古い根や傷んだ根を切り落とし、ナイフなどを使って数株ずつ切り分ける

4　それぞれの株を、同じ大きさかひとまわり大きな鉢に、観葉植物専用土を使って植えつけ、水やりをする

飾り方のポイント

細かく繊細な葉は涼しげな印象で、インテリアとしての利用に最適。茎がつる状に伸びる品種もあり、高さのある鉢に仕立てることもできます。

'メイリー'
Asparagus densiflorus
キジカクシ科クサスギカズラ属

原種のアスパラガス・デンシフロルスから作られた品種で、多数の小枝を円筒状に密集させ、茎は直立します。葉（仮葉）はスギの葉のようで、とても繊細です。

アナナス類
Ananas

● アナナス科（パイナップル科）

葉や花を楽しむパイナップルの仲間

アナナス
Ananas
アナナス科アナナス属

別名パイナップル。トロピカルフルーツのひとつとして知られるパイナップルに代表されるアナナス属の植物は、強光線を好むため、夏は直射日光を当てます。春から秋には、鉢土の表面が乾いたらたっぷりと株の上から水やりをします。冬には乾かし気味に管理し、水やりをする場合は土に直接水を与え、株に水をかけないようにします。春から秋には2カ月に1回、緩効性肥料を与えます。

　種類が多く、その好む環境もさまざまですが、一般的に明るい半日陰の場所を好みます。なかでも比較的葉のかたい種類のものは日差しをやや好み、葉のやわらかいものは強い日光を嫌います。

　湿度を好むものが多く、春から秋の生育期には、鉢土の表面が乾いたらたっぷりと水やりをします。葉から水分を吸収するので、株全体に水がかかるようにしたり、葉水を与えます。エクメア・ファッシアータなどは葉が筒状になった中心部から水を吸収するため、生育期には筒状になった葉に水を貯めるようにします。筒の中の水は頻繁に入れ替えて清潔にしておきます。とくに夏には、株の中央の筒状の部分にたまった水が、すっかり入れ替わるほどたっぷり注ぎ入れます。冬には水やりを控え、やや乾かし気味に管理します。

　アブラムシやカイガラムシが発生することがあるので発生したら殺虫剤で駆除します。

CALENDAR

月	日当たり	水やり	施肥	繁殖
1	ガラス越しの日光	乾かし気味		
2	ガラス越しの日光	乾かし気味		
3	ガラス越しの日光	乾かし気味		
4	鉢土が乾いたらたっぷり			
5	鉢土が乾いたらたっぷり			挿し木
6	直射日光か戸外の半日陰	毎日たっぷり	2カ月に1回	挿し木
7	直射日光か戸外の半日陰	毎日たっぷり	2カ月に1回	挿し木
8	直射日光か戸外の半日陰	毎日たっぷり	2カ月に1回	挿し木
9	直射日光か戸外の半日陰	毎日たっぷり	2カ月に1回	
10	鉢土が乾いたらたっぷり			
11	ガラス越しの日光	乾かし気味		
12	ガラス越しの日光	乾かし気味		

越冬温度 10℃以上

※アナナスのカレンダー

アナナス類 Ananas

飾り方のポイント
パイナップル

夏場は玄関先など直射日光が当たる場所に置きます。単体で飾るよりほかのグリーンと合わせるのがよいでしょう。

エクメア・ファッシアータの株の中心。葉が筒状になっているので水を多くたくわえます。夏は筒の水が入れ替わるくらいたっぷりと水やりをします。

挿し木
パイナップル

1. 果実が熟したらクラウン（先端の葉）を使って挿し木をする

2. クラウンの下を1～2cm切り取り、果肉を落として下葉を取る

3. 切り口が乾くまで風通しのよい日陰で2日くらい置く

4. 赤玉土と日向土を同量混ぜて用土とし、植えつけたら水やりをする

エクメア・ファッシアータ
Aechmea

アナナス科エクメア属（サンゴアナナス属）

別名サンゴアナナス。葉だけでなく、苞が美しく色づき、花も楽しむことができます。株の中心は筒状になって、水を貯め、葉の縁にはとげがあります。明るい日陰を好むため、秋から春にかけてはガラス越しの日光か戸外の半日陰、夏はレースのカーテン越しの日光に当てます。春から秋の生育期には水切れしないように鉢土の表面が乾いたら水を与え、冬は乾かし気味に管理します。

ネオレゲリア
Neoregelia
アナナス科ネオレゲリア属

長い葉が放射状に広がり、その部分にたまった水を吸収します。多くの種類では、花をつける時期には葉の基部が赤色や紫色に色づきます。明るい日陰を好み、春から秋にかけては戸外で日光に当て、冬はガラス越しの日光に当てます。春から秋の間は鉢土の表面が乾いたら、葉筒の水が入れ替わるように株の上からたっぷりと水やりをします。冬の間は水やりを控え、葉筒に水がたまらないように乾燥気味に管理します。写真は'トリコロル'。

クリプタンサス
Cryptanthus
アナナス科クリプタンツス属

葉が放射状に広がり、美しい縞模様の品種が多く流通しています。葉の縁は波を打ったようになり、短いとげがあります。明るい日陰を好み、春から秋にかけては戸外の半日陰に置きます。春から秋の間は鉢土の表面が乾いたら水を与え、冬は乾かし気味に管理します。写真は'ピンクゼブラ'。

アナナス類
Ananas

エアプランツ
Air Plants
アナナス科チランジア属

別名チランジア。アナナス科チランジア属の植物の総称で、岩や樹木の枝などにくっつくようにして生育し、土を必要としないためにエアプランツと呼ばれます。明るい日陰を好み、直射日光は嫌いますが、日陰ではよく育ちません。土に植え込む必要はなく、そのまま置くこともできます。水やりは日に1回、霧吹きで葉水を与えます。植え込んだものは多湿にならないように注意します。

グズマニア・マグニフィカ
Guzmania
アナナス科グズマニア属

長い葉が放射状に広がり、株の中心部は集まった葉で筒状になります。その中心からは色鮮やかな苞が伸び、花をつけます。明るい日陰を好み直射日光を嫌うため、春から秋には戸外の半日陰に置き、冬はガラス越しの日光を当てます。春から秋の生育期間には、筒状に部分にたまった水が入れ替わるように、株の上からたっぷりと水やりをします。冬には筒に水が溜まらないように管理し、霧吹きで葉水を与えて水分を与えます。

アフェランドラ

Aphelandra

●キツネノマゴ科　[別名]キョウボク

花と葉も美しい'ダニア'が人気

'ダニア'
Aphelandra squarrosa
キツネノマゴ科アフェランドラ属

茎頂きに黄色い穂状の花をつけます。乾燥に弱いので生育期にはたっぷりと水やりをします。葉焼けを避けるため夏は直射日光を避け半日陰で、それ以外の季節は窓越しの日光を当てます。

水やり

冬の時期は水やりを控え、乾かし気味に管理します。春から秋にかけては、鉢土の表面が乾き始めたらたっぷりと水やりをします。ただし、過湿になると地ぎわ部分が腐ることがあるので注意が必要です。夏の高温乾燥期には葉水も与えます。

肥料

春から秋の間は、1週間から2週間おきに、水やり代わりに薄い液肥を施します。

病害虫

春、新葉にアブラムシが発生することがあります。数が少ない場合は見つけしだい潰すようにして駆除してもよいのですが、多発した場合は殺虫剤を散布して防除します。

繁殖

挿し木でふやします。適期は初夏から夏にかけて。頂芽挿しは、花が終わった株の、新しく上部に伸び出た芽を切り取って挿し穂とします。

月	1	2	3	4	5	6	7	8	9	10	11	12
日当たり	ガラス越しの日光			レースのカーテン越しの日光						ガラス越しの日光		
水やり	乾かし気味			鉢土が乾いたらたっぷり								乾かし気味
施肥				2カ月に1回								
繁殖					挿し木							

越冬温度 10℃以上

アフェランドラ　36

アフェランドラ *Aphelandra*

'ダニア'の葉は濃緑色の葉の葉脈に沿って白い斑が入り、美しいコントラストが楽しめます。

アフェランドラ・シンクラリアナ
Aphelandra sinclariana
キツネノマゴ科アフェランドラ属

明るい緑色の葉の美しさに加え、オレンジ色の苞とショッキングピンクの花弁の花の迫力も魅力的。春から秋の生育期には水をたっぷりと与えますが、過湿を嫌うのでやりすぎには注意します。

挿し木

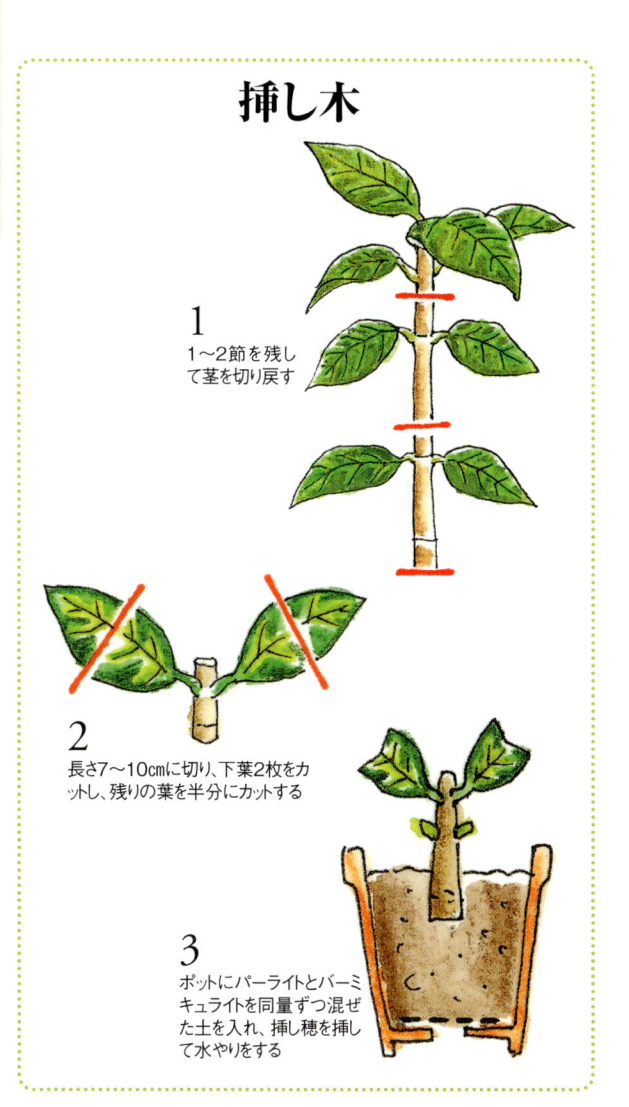

1 1～2節を残して茎を切り戻す

2 長さ7～10cmに切り、下葉2枚をカットし、残りの葉を半分にカットする

3 ポットにパーライトとバーミキュライトを同量ずつ混ぜた土を入れ、挿し穂を挿して水やりをする

飾り方のポイント

夏場はレースのカーテン越しなど弱い日射しを好みます。'ダニア'は葉と花(苞)が鮮やかなので、鉢は控えめな色を選ぶとよいでしょう。

アロエ
Aloe

● ツルボラン科

[別名]キダチロカイ、イシャイラズ（*A. arborescens*）

民間薬、食用などとしても利用される多肉植物

キダチアロエ
Aloe arborescens
ツルボラン科アロエ属

別名キダチロカイ、イシャイラズ。日本でもっとも広く普及しているアロエです。葉は灰緑色で剣状、縁には三角形の鋸歯があります。株が大きくなると、冬に筒状で朱赤色の花が紡錘状につきます。丈夫で育てやすく、低温や乾燥につよく管理が容易です。写真はキダチアロエの一品種。

水やり
多肉植物で比較的乾燥には強い植物です。春から秋の時期には鉢土の表面が乾いたら、たっぷりと水やりをします。冬の低温期には水やりを控え、乾燥気味に管理します。

肥料
生育期の初夏から秋にかけて、2カ月に1回程度、緩効性の化成肥料を施します。

病害虫
それほど被害は多くありませんが、伸び出した花芽にアブラムシやカイガラムシがつくことがあります。そのままにすると花が奇形になったり咲かなかったりすることがあるので、チェックを怠らず、発生が確認できたら早めに防除します。

繁殖
挿し木でふやすことができます。また、植え替え時に株分けをしてもよいでしょう。適期は初夏から夏にかけて。挿し木は頂芽挿しで行います。

CALENDAR

越冬温度	繁殖	施肥	水やり	日当たり	月
5℃以上			乾かし気味	ガラス越しの日光	1
					2
					3
					4
	株分け・実生	2カ月に1回	鉢土が乾いたらたっぷり	直射日光	5
					6
					7
					8
					9
				ガラス越しの日光	10
			乾かし気味		11
					12

アロエ *Aloe*

飾り方のポイント

強い日光を好むため、室内では、ガラス越しの直射日光がよく当たる場所に置くとよいでしょう。個性的な姿なので個性の強い鉢にも合います。

アロエ・ベラ
Aloe barbadensis
ツルボラン科アロエ属

葉は多肉で先がとがり、灰緑色。茎はなくロゼット状に茂ります。斑入りの品種もあります。耐陰性はありますが、もともと日光を好むため、できるだけ日当たりのよい場所に置きましょう。乾燥に強いので、水やりは少なめにして、やや乾燥気味に管理します。

挿し木

1 茎の先15〜20cmほどを切り取り、挿し穂とする

2 切り取った挿し穂の切り口を5〜6日乾燥させて、4〜5号鉢に、鹿沼土か、あるいは同量の赤玉土と鹿沼土を混ぜた土に挿す

3 倒れないように支柱を立てて固定する。大きい葉は半分に切り、水やりをする

株分け

1 株もとに子株があれば、株全体を鉢から抜き取り、子株のみを株分けする

2 古い土をできるだけ落とし、傷んだ根や古い根を切り取る

3 同じかひとまわり大きな鉢に、赤玉土5、ピートモス3、軽石2を混ぜた土で植えつけ、水やりをする

アロカシア

Alocasia

● サトイモ科

クワズイモとして知られるアロカシア・オドラが人気種

アロカシア・アマゾニカ
Alocasia amazonica
サトイモ科クワズイモ属（アロカシア属）

葉は金属光沢のある濃緑色、葉脈に沿って白い斑があります。強い日光で葉焼けを起こすので、初夏から夏にかけては日光の当たらない場所に置きます。

水やり
春から秋にかけては、鉢土の表面が乾いたら水やりをしますが、過湿にすると根腐れを起こすので注意が必要です。夏の高温乾燥期には毎日水やりをします。冬の間は水やりを極力控え、乾燥気味に管理します。

肥料
初夏から秋の生育期に、2カ月に1回程度の割合で、緩効性の化成肥料を施します。冬から春にかけては肥料を切ります。

病害虫
ハダニやカイガラムシが発生します。ハダニは高温乾燥期に多発します。葉水を与えてハダニの発生を予防し、発生したら薬剤で駆除します。カイガラムシは夏に幼虫が発生します。発生したら薬剤で駆除します。

繁殖
初夏に挿し木でふやします。また6月中旬～8月中旬にかけて取り木もできます。

CALENDAR

越冬温度 15℃以上

月	日当たり	水やり	施肥	繁殖
1	レースのカーテン越しの日光	ほとんど必要なし		
2				
3		鉢土が乾いたらたっぷり		
4				
5	直射日光の当たらない室内		2カ月に1回	挿し木、取り木、株分け
6		毎日		
7				
8				
9				
10	レースのカーテン越しの日光	ほとんど必要なし		
11				
12				

アロカシア
Alocasia

インドクワズイモ
Alocasia macrorrhiza
サトイモ科クワズイモ属（アロカシア属）

斑入り葉のものをフイリクワズイモといいます。耐陰性が高いので、室内の半日陰に置きます。高温多湿を好み寒さに弱いので、冬には水やりを控えて乾燥気味に管理して耐陰性を高めると同時に、15℃以上保てる場所に置く必要があります。

飾り方のポイント

冬は窓際、夏は直射日光を避けて窓から離れた壁際に置くとよいでしょう。シックな鉢を選べば和風の部屋にも合います。

株分け

1 子株や子いもが育った株は、植え替え時に株分けをしてふやす

2 鉢から株を抜き取り、子株や子いもを切り分ける

3 子株は2～3号鉢に1株ずつ植えつけ、水を与える

4 子いもは2号鉢に1～2個ずつ、芽を上にして植えつける。植えつけ後は水やりをし、新しい根が出るまで半日陰に置く

クワズイモ
Alocasia odora
サトイモ科クワズイモ属（アロカシア属）

半日陰を好み、一年を通じて室内に置くことができます。強い陽射しに当たると葉焼けするので、夏は室内であっても直射に日の当たらない場所に置きます。高温多湿を好みますが、比較的耐寒性もあり、乾燥気味に管理すれば3℃ほどにも耐えることができます。

アンスリウム

Anthurium

[別名] オオベニウチワ

●サトイモ科

ビニールのような質感の光沢がある花

'フェローザ'
Anthurium andraenum
サトイモ科アンスリウム属（ベニウチワ属）

花弁のように見えるのは花苞で鮮やかな赤色になります。夏には水切れしないようにたっぷりと水やりをします。冬はレースのカーテン越しの日光、春から秋には直射日光を避けた室内に置く。

水やり

春から秋にかけては、鉢土が乾き始めたらたっぷりと水やりをします。夏には水切れに注意し、毎日たっぷりと水やりをします。冬には耐寒性を高めるために乾燥気味にします。

肥料

初夏から秋にかけて、2カ月に1回の割合で緩効性の化成肥料を施します。

病害虫

春から秋の初めにかけて、新葉やつぼみにアブラムシが発生します。数が少ないときは捕殺しますが、数が多いようなら殺虫剤で駆除します。

繁殖

挿し木や株分けでふやすことができます。適切に育てていれば、新芽がたくさん発生し、2年ほどすると鉢が株で一杯になります。植え替えを兼ねて株分けをするとよいでしょう。適期は5月下旬から8月上旬です。

CALENDAR

越冬温度 10℃以上

月	日当たり	水やり	施肥	繁殖
1	レースのカーテン越しの日光	乾かし気味		
2	レースのカーテン越しの日光	乾かし気味		
3	レースのカーテン越しの日光	鉢土が乾いたらたっぷり		
4	レースのカーテン越しの日光	鉢土が乾いたらたっぷり		
5	直射日光を避けた室内	鉢土が乾いたらたっぷり	2カ月に1回	挿し木、株分け
6	直射日光を避けた室内	毎日たっぷり	2カ月に1回	挿し木、株分け
7	直射日光を避けた室内	毎日たっぷり	2カ月に1回	挿し木、株分け
8	直射日光を避けた室内	毎日たっぷり	2カ月に1回	挿し木、株分け
9	レースのカーテン越しの日光	鉢土が乾いたらたっぷり		
10	レースのカーテン越しの日光	鉢土が乾いたらたっぷり		
11	レースのカーテン越しの日光	乾かし気味		
12	レースのカーテン越しの日光	乾かし気味		

アンスリウム *Anthurium*

'トリコロール'
Anthurium andraenum
サトイモ科アンスリウム属（ベニウチワ属）

花苞は白とピンク、緑が混ざった色になります。冬は乾燥気味に管理し、春から秋には鉢土が乾いたら水やりをします。夏の高温で乾燥する時期には毎日水やりします。

飾り方のポイント

葉だけでなく、品種によりさまざまな色の苞を楽しむことができます。苞の色に合わせて鉢を選ぶとよいでしょう。

株分け

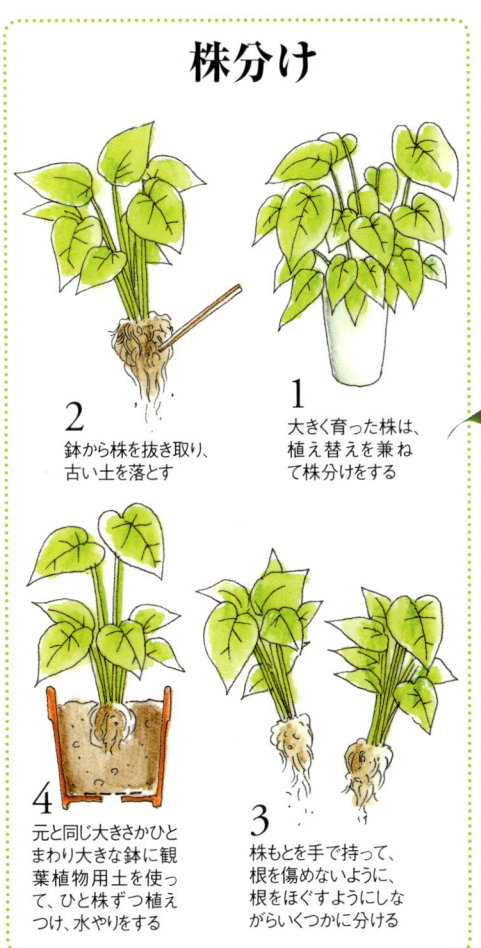

1 大きく育った株は、植え替えを兼ねて株分けをする

2 鉢から株を抜き取り、古い土を落とす

3 株もとを手で持って、根を傷めないように、根をほぐすようにしながらいくつかに分ける

4 元と同じ大きさかひとまわり大きな鉢に観葉植物用土を使って、ひと株ずつ植えつけ、水やりをする

'ピンクチャンピオン'
Anthurium andraenum
サトイモ科アンスリウム属（ベニウチワ属）

花苞は鮮やかなピンク色になります。また、年間を通じてカイガラムシが発生します。予防的に適用のある薬剤を散布しておくとよいでしょう。風通しが悪いとアブラムシやカイガラムシの発生がふえます。風通しをはかり、発生を予防しましょう。

エスキナンサス

Aeschynanthus

●イワタバコ科　[別名] リップスティックプランツ

花も楽しめるつる性、半つる性の観葉植物

ラディカンス
Aeschynanthus radicans

イワタバコ科
エスキナンツス属

半日陰～日陰を好みます。強い日差しでは葉焼けをし、花が咲きません。高温を好み、乾燥を嫌います。冬は乾燥気味に管理しますが、生育期にはたっぷりと水やりをして葉水も与えます。

水やり

春から秋にかけては、鉢土の表面が乾き始めたらたっぷりと水やりをします。夏の高温乾燥時期には毎日たっぷりと水やりをして水切れしないように注意します。また葉水も与えます。冬は乾燥気味に管理します。

肥料

春から秋にかけての生育期には、緩効性の化成肥料を2カ月に1回施します。

病害虫

新芽やつぼみなどやわらかい部分にアブラムシが発生します。風通しよく管理して発生を予防し、発生したら殺虫剤で駆除します。また1年を通じてカイガラムシが発生します。発生した場合は薬剤で駆除します。

繁殖

株分けや挿し木でふやします。適期は4月下旬から9月中旬。大きくなった株を植え替えを兼ねて株分けするとよいでしょう。

CALENDAR

越冬温度 10℃以上

月	日当たり	水やり	施肥	繁殖
1	ガラス越しの日光	乾かし気味		
2				
3		鉢土が乾いたらたっぷり		
4			2カ月に1回	株分け、挿し木
5	レースのカーテン越しの日光			
6				
7		毎日		
8				
9	ガラス越しの日光	鉢土が乾いたらたっぷり		
10				
11		乾かし気味		
12				

エスキナンサス
Aeschynanthus

エスキナンサス
Aeschynanthus
イワタバコ科エスキナンツス属

エスキナンサスの一品種。花の下部が黄色になります。適度な光を必要とし、光が弱すぎると花つきが悪くなりますが、逆に光が強すぎると葉焼けを起こすので、夏は遮光が必要です。

飾り方のポイント

つる性で茎が下垂するように伸びるため、吊り鉢に仕立てるか高さのある鉢に飾るとよいでしょう。

エスキナンサスの花は筒状で鮮やかな赤い色をしています。葉とのコントラストを楽しむことができます。

挿し木

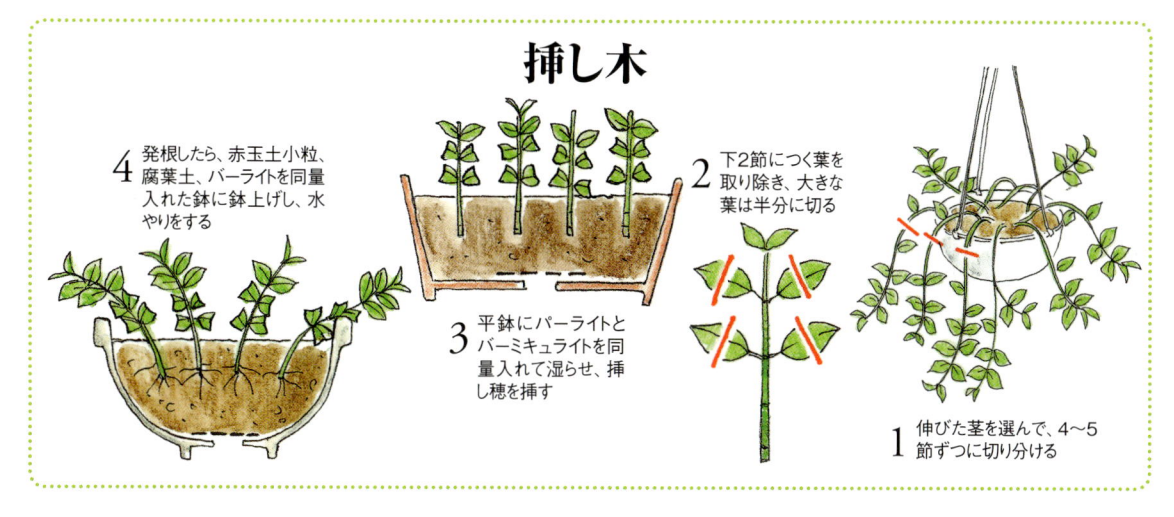

4 発根したら、赤玉土小粒、腐葉土、パーライトを同量入れた鉢に鉢上げし、水やりをする

3 平鉢にパーライトとバーミキュライトを同量入れて湿らせ、挿し穂を挿す

2 下2節につく葉を取り除き、大きな葉は半分に切る

1 伸びた茎を選んで、4〜5節ずつに切り分ける

オリヅルラン

Chlorophytum

● アンテリクム科（ユリ科）

細長い葉が涼しげな印象を与える

オリヅルラン
Chlorophytum comosum
アンテリクム科（ユリ科）オリヅルラン属

葉に斑が入ったものが一般的ですが、斑のないもの、あるいは斑が薄くなった品種です。室内で管理しますが、寒さに強く5℃くらいで越冬することができます。

水やり

春から秋にかけては乾燥に注意し、鉢土の表面が乾き始めたらたっぷりと水やりをします。とくに夏の高温乾燥期には毎日たっぷり水やりをします。冬は耐寒性を高めるために鉢土を乾燥気味に管理しますが、葉が乾燥で傷まないように、こまめに葉水を与えます。

肥料

春から秋にかけての生育期には、緩効性の化成肥料を2カ月に1回の割合で施します。2～3週間に1回程度、薄い液肥を水やり代わりに施してもよいでしょう。

病害虫

春以降、新芽にアブラムシがつくことがあります。数が多いようなら殺虫剤を散布して防除します。

繁殖

花後、伸びたランナーの先についた子株を切り取り植えつけたり、大きく茂った株を分けてふやします。適期は5月上旬～9月上旬。

CALENDAR

越冬温度 5℃以上	繁殖	施肥	水やり	日当たり	月
			乾かし気味	ガラス越しの日光	1
					2
					3
		鉢土が乾いたらたっぷり			4
	子株分け、株分け	2カ月に1回	毎日	レースのカーテン越しの日光	5
					6
					7
					8
					9
		鉢土が乾いたらたっぷり	乾かし気味	ガラス越しの日光	10
					11
					12

オリヅルラン *Chlorophytum*

飾り方のポイント

鉢の選び方や飾り方で、和風にも洋風にもアレンジできます。子株のついたランナーを下垂させた姿は、吊り鉢などで楽しみましょう。

子株分け

1 花後に伸びたランナーの先についた子株で根が出ているものを切り取ります

2 ランナーを子株に2〜3cmほど残して切り取ります

3 子株の大きさにあった鉢を用意し、観葉植物専用土で植えつける。子株は、株の根元が隠れるくらい深く植えつけ、植えつけ後たっぷりと水を与える

ナカフオリヅルラン
Chlorophytum comosum
アンテリクム科(ユリ科)オリヅルラン属

葉の真ん中に斑が入った品種。春から秋にかけては、鉢土の表面が乾き始めたら水やりをします。夏は毎日たっぷり水やりをします。冬は耐寒性を高めるために乾燥気味に管理します。

カスタノスペルマム

Castanospermun australe

● マメ科

[別名] ジャックとマメの木、オーストラリアビーンズ

マメが大きくふたつに割れて芽を出し、大きな葉を広げる

カスタノスペルマム
Castanospermun australe
マメ科カスタノスペルムム属

クリに似た大きな実から発芽する不思議な姿が特徴的です。大きく育つと葉を広げて涼やかな印象になります。水は多湿にならないように管理する必要があります。

水やり

春から秋の生育期には、鉢土の表面が乾き始めたらたっぷりと水やりをします。夏には水切れに注意し、たっぷりと水やりをします。冬には乾燥気味に管理し、過湿にならないよう注意します。

肥料

初夏から秋にかけて、2カ月に1回、緩効性の化成肥料を施します。

病害虫

それほど多くありませんが、1年を通じてアブラムシやハダニ、カイガラムシの発生が見られます。葉裏や葉のつけ根をチェックし、発生が確認できたら早めに薬剤で防除します。風通しが悪いとカイガラムシやハダニなどの発生がふえてしまいます。風通しをはかり、発生を予防しましょう。

繁殖

取り木や実生でふやすことができます。適期は初夏から夏にかけて。

CALENDAR

越冬温度 5℃以上

月	日当たり	水やり	施肥	繁殖
1	ガラス越しの日光	乾かし気味		
2				
3				
4				
5	直射日光	鉢土が乾いたらたっぷり	2カ月に1回	取り木 実生
6				
7				
8				
9				
10	ガラス越しの日光	乾かし気味		
11				
12				

カスタノスペルマム *Castanospermum australe*

飾り方のポイント

強い日射しを好むため、ガラス越しの直射日光が当たる窓際などに置きます。木が低いうちはカラフルな鉢を合わせて、チェストなどのアクセントに。

植え替え

1 株が大きくなったら植え替える

2 植木鉢から株を抜き出し、へらや割り箸などを使って根をほぐし、古い土を半分ほど落とす

3 古い根や傷んだ根を切り落とす

4 市販の観葉植物用土を使って、ひと回り大きな鉢に植えつけ、水やりをする

カスタノスペルマムの幼木。幼木の株もとには、子葉がまだ残っているのでユニークな姿を楽しめます。

カラジウム
Caloadium ×*hortulanum*

サトイモ科カラジウム属（ハイモ属）

●サトイモ科
Caladium

[別名] ハイモ、ニシキイモ

まるで彩色したような鮮やかな葉模様が魅力

葉脈が赤くなり、葉には白い斑が入ったカラジウムの1品種。春から秋の生育期には、鉢土が乾いたらたっぷりと水やりをします。秋から春には、地上部が枯れるので水やりを控え、凍らないように室内で球根を休眠させます。

水やり
春から秋の生育期には、鉢土の表面が乾き始めたらたっぷりと水やりをします。低温になる秋には地上部が枯れて休眠するため、水やりを止め、完全に水を切ります。

肥料
春から秋の生育期に、2カ月に1回の間隔で、緩効性の化成肥料を施します。さらに、週1回程度、水やり代わりに薄めの液肥を与えると、葉色が美しくなります。

病害虫
室内はどうしても風通しが悪くなりやすく、そのような状況に置くと、ハダニが発生することがあります。まめにチェックして、見つけ次第、薬剤を散布して防除します。

繁殖
大きく育った球根は、春の植え替え時に分球をして株をふやすことができます。

CALENDAR

越冬温度	繁殖	施肥	水やり	日当たり	月
10℃以上					1
			与えない	休眠	2
					3
	分球				4
		2カ月に1回	鉢土が乾いたらたっぷり	直射日光	5
					6
					7
					8
					9
					10
			与えない	休眠	11
					12

カラジウム *Caladium*

分球

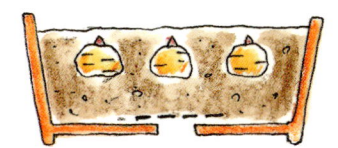

1 球根を掘り出し、バーミキュライトを入れた平鉢に上が隠れる程度に浅く植える

2 新芽が出たら、根を切らないように掘り上げる

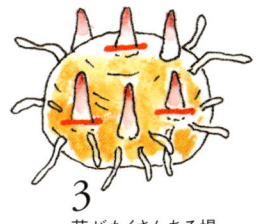

3 芽がたくさんある場合は、2〜3芽を残して他を取り除く

4 観葉植物用土を使って2cmほどの深さに植えつけ、水やりをする

飾り方のポイント

5〜6号鉢に5球ほどを寄せ植えにすると、株にボリューム感が出て、見応えのある姿になります。日当たりのよい場所に置きます。

'ホワイト・クリスマス'
Caloadium ×hortulanum
サトイモ科カラジウム属（ハイモ属）

サトイモに似た葉に白い斑が入ります。半日陰〜日なたを好むので日当たりのよい場所に置きますが、夏はレースのカーテン越しに。秋には休眠するので、水やりを完全に止めます。

カラテア
Calathea

● クズウコン科

矢羽のような葉模様と独特な金属光沢が魅力

'エンペラー'
Calathea louisae
クズウコン科カラテア属

濃いめのグリーンに暖かみのあるクリーム色の斑がマーブル模様に入り、上品なイメージがあります。最低気温10℃程度必要で、冬の温度管理には十分気を遣う必要があります。

水やり
春から秋の生育期には、鉢土の表面が乾き始めたらたっぷりと水やりをします。冬には乾かし気味に管理し、耐寒性を高めます。

肥料
初夏から秋にかけて、2カ月に1回の割合で、緩効性の化成肥料を施します。それにかえて、2週間に1回程度、水やり代わりに薄い液肥を与えてもよいでしょう。

病害虫
夏の高温乾燥期にハダニやカイガラムシが発生することがあります。とくにハダニは葉が乾くと発生しやすくなるので、高温で乾燥する時期には葉水を与えて発生を予防しましょう。

繁殖
鉢いっぱいに育った株は、植え替えを兼ねて株分けをしてふやしましょう。また、古い株を切り戻して子株を発生させ、それを切り分けてふやしてもよいでしょう。適期は5月下旬～8月下旬。

CALENDAR

月	日当たり	水やり	施肥	繁殖	越冬温度
1	レースのカーテン越しの日光	乾かし気味			10℃以上
2	レースのカーテン越しの日光	乾かし気味			10℃以上
3	レースのカーテン越しの日光	乾かし気味			10℃以上
4	直射日光の当たらない室内	鉢土が乾き始めたらたっぷり	2カ月に1回	株分け	10℃以上
5	直射日光の当たらない室内	鉢土が乾き始めたらたっぷり	2カ月に1回	株分け	10℃以上
6	直射日光の当たらない室内	鉢土が乾き始めたらたっぷり	2カ月に1回	株分け	10℃以上
7	直射日光の当たらない室内	鉢土が乾き始めたらたっぷり	2カ月に1回	株分け	10℃以上
8	直射日光の当たらない室内	鉢土が乾き始めたらたっぷり	2カ月に1回	株分け	10℃以上
9	レースのカーテン越しの日光	鉢土が乾き始めたらたっぷり	2カ月に1回		10℃以上
10	レースのカーテン越しの日光	鉢土が乾き始めたらたっぷり	2カ月に1回		10℃以上
11	レースのカーテン越しの日光	乾かし気味			10℃以上
12	レースのカーテン越しの日光	乾かし気味			10℃以上

カラテア
Calathea

カラテア・マコヤナ
Calathea makoyana
クズウコン科カラテア属

淡黄緑色の時に、濃緑色の矢羽状の斑が入る美しい葉をしています。耐陰性が強く、日陰を好み、強い日光に当たるとすぐ葉焼けしてしまいます。夏は日陰に置き、冬も直射日光は避けたほうがよいでしょう。

ゼブリナ
Calathea zebrina
クズウコン科カラテア属

矢羽模様が美しいカラテア。高温性で、耐陰性が強く、年間を通じて室内で育てることができます。直射日光には弱く、葉焼けしやすいので注意が必要です。

飾り方のポイント

葉の表と裏の模様や色が異なるものが多く、コンパクトなサイズのものは出窓などやや高い場所に置くと、葉裏の葉模様や色を楽しむことができます。

株分け

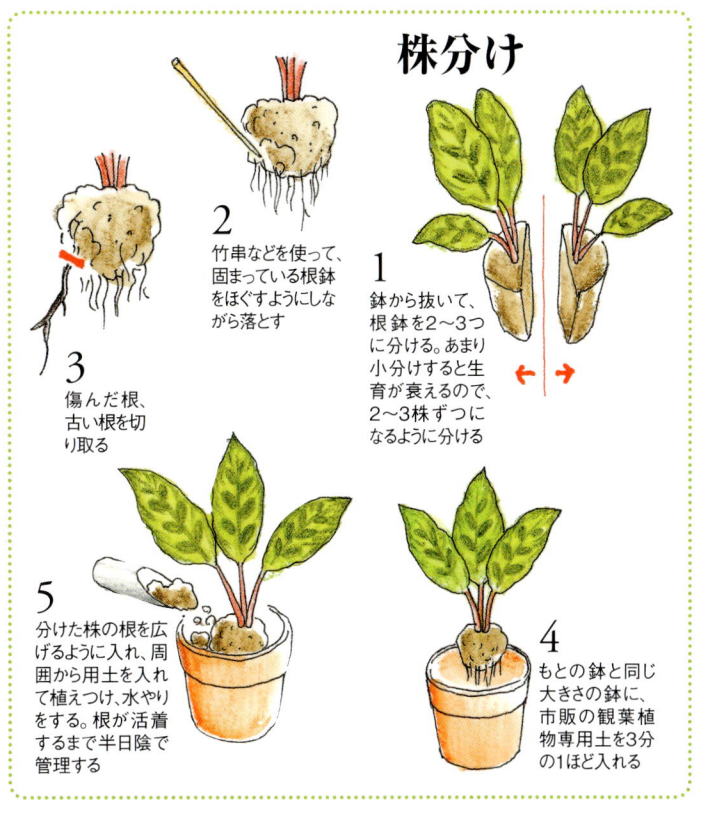

1 鉢から抜いて、根鉢を2〜3つに分ける。あまり小分けすると生育が衰えるので、2〜3株ずつになるように分ける

2 竹串などを使って、固まっている根鉢をほぐすようにしながら落とす

3 傷んだ根、古い根を切り取る

4 もとの鉢と同じ大きさの鉢に、市販の観葉植物専用土を3分の1ほど入れる

5 分けた株の根を広げるように入れ、周囲から用土を入れて植えつけ、水やりをする。根が活着するまで半日陰で管理する

カランコエ
Kalanchoe

● ベンケイソウ科　[別名] リュウキュウベンケイ

小さな花が群がって咲き、鉢花としても人気の多肉植物

'ニューカランコエ'
Kalanchoe blossfeldiana
リュウキュウベンケイ属（カランコエ属）

赤や黄色、ピンクやオレンジなどの小さな花が咲きます。春から秋の生育期には、鉢土の表面が乾いたらたっぷりと水やりをします。日射しを好むので日の当たる窓際に置きましょう。

水やり
春から秋の生育期には、鉢土の表面が乾き始めたら、たっぷりと水やりをしますが、多湿を嫌うため、過湿にならないように注意します。冬には乾かし気味に管理します。

肥料
初夏から秋にかけて、2カ月に1回程度、緩効性の化成肥料を施します。

病害虫
春になり、新葉が伸び出てくると、アブラムシの被害が見られます。まめにチェックして、見つけしだい薬剤を散布して防除します。また、乾燥した室内などではカイガラムシの発生も見られます。

繁殖
挿し木でふやすことができます。適期は4月下旬～9月上旬。また、「ハカラメ」とも呼ばれる同属のセイロンベンケイは、葉挿しを行い、葉の縁に生じる芽で簡単にふやすことができます。

CALENDAR

越冬温度 5℃以上

月	日当たり	水やり	施肥	繁殖
1	ガラス越しの日光	乾かし気味		
2	ガラス越しの日光	乾かし気味		
3	ガラス越しの日光	乾かし気味		
4	ガラス越しの日光	乾かし気味		
5	直射日光	鉢土が乾いたらたっぷり	2カ月に1回	挿し木
6	直射日光	鉢土が乾いたらたっぷり	2カ月に1回	挿し木
7	直射日光	鉢土が乾いたらたっぷり	2カ月に1回	挿し木
8	直射日光	鉢土が乾いたらたっぷり	2カ月に1回	挿し木
9	直射日光	鉢土が乾いたらたっぷり	2カ月に1回	挿し木
10	ガラス越しの日光	乾かし気味		
11	ガラス越しの日光	乾かし気味		
12	ガラス越しの日光	乾かし気味		

カランコエ
Kalanchoe

挿し木

1 長く伸びた茎を切り戻し、挿し穂にする

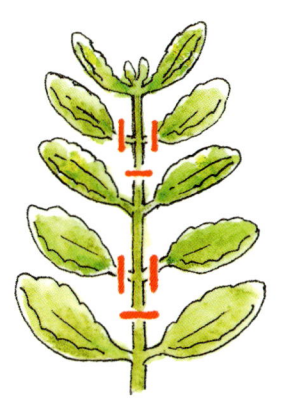

2 切り取った茎は2〜3節ずつに切り、下葉を切り落とす

3 平鉢を使い、バーミキュライトとパーライトを同量混ぜた土に挿し、水やりをする

4 発根後、鉢底から根が出るようになったら観葉植物専用土で鉢上げをし、水やりをする

飾り方のポイント

高さ50cmほどになる高性種は切り花に利用でき、高さ10〜20cmの鉢物用矮性品種は、小さな鉢に植えつけ、テーブルの上に飾ることもできます。

カランコエ・プミラ
Kalanchoe pumila
ベンケイソウ科リュウキュウベンケイ属（カランコエ属）

「白銀の舞」の名で流通するものもあります。白い粉をまぶしたような葉をした、ちょっと変わったカランコエの仲間です。紅紫色を帯びた花も美しく、葉も花も楽しめます。耐陰性もありますが日光を好むため、春〜秋は戸外で管理すると良いでしょう。

'クイーン・ローズ'
Kalanchoe blossfeldiana
リュウキュウベンケイ属（カランコエ属）

小さな花が群がって咲き、多くの花色があり、多肉質で大きめな葉も魅力のひとつです。春から秋の生育期には、鉢土の表面が乾いたらたっぷりと水やりをします。冬にはやや水やりを控え、乾かし気味に管理します。

カンノンチク

Rhapis excelsa

●ヤシ科

江戸時代の初めから観賞用とされるヤシの仲間

'綾錦'
Rhapis excelsa
ヤシ科カンノンチク属

突然変異により葉に縞模様が入った園芸品種で、ライムグリーンのストライプがとても美しいカンノンチクです。耐陰性が高く、またやや耐寒性が弱いため、年間を通して室内の明るい場所に置きます。強い光線に当たると葉が傷んでしまうので注意します。

水やり

春から秋には、鉢土の表面が乾き始めたらたっぷりと水やりをします。とくに夏の高温乾燥期には毎日水やりして、同時に葉水を与えて湿度を高めましょう。冬には水やりを控えて乾燥気味にします。

肥料

春から秋の生育期には、2カ月に1回程度、緩効性の化成肥料を施します。葉色が悪いようなら、2週間に1回、水やり代わりに薄めの液肥を与えるとよいでしょう。

病害虫

閉め切った室内など風通しが悪いと、葉のつけ根などにカイガラムシが発生します。見つけしだい適用のある殺虫剤を散布して防除します。

繁殖

植え替えのときに株分けでふやすことができます。植え替えは5月下旬～6月下旬に行います。株分けをする場合は、梅雨の湿度の高い時期に行います。

CALENDAR

越冬温度 5℃以上

月	日当たり	水やり	施肥	繁殖
1	レースのカーテン越しの日光	乾かし気味		
2				
3		鉢土が乾いたらたっぷり		
4				株分け
5			2カ月に1回	
6	直射日光の当たらない室内	鉢土が乾いたら毎日		
7				
8				
9				
10	レースのカーテン越しの日光	鉢土が乾いたらたっぷり		
11		乾かし気味		
12				

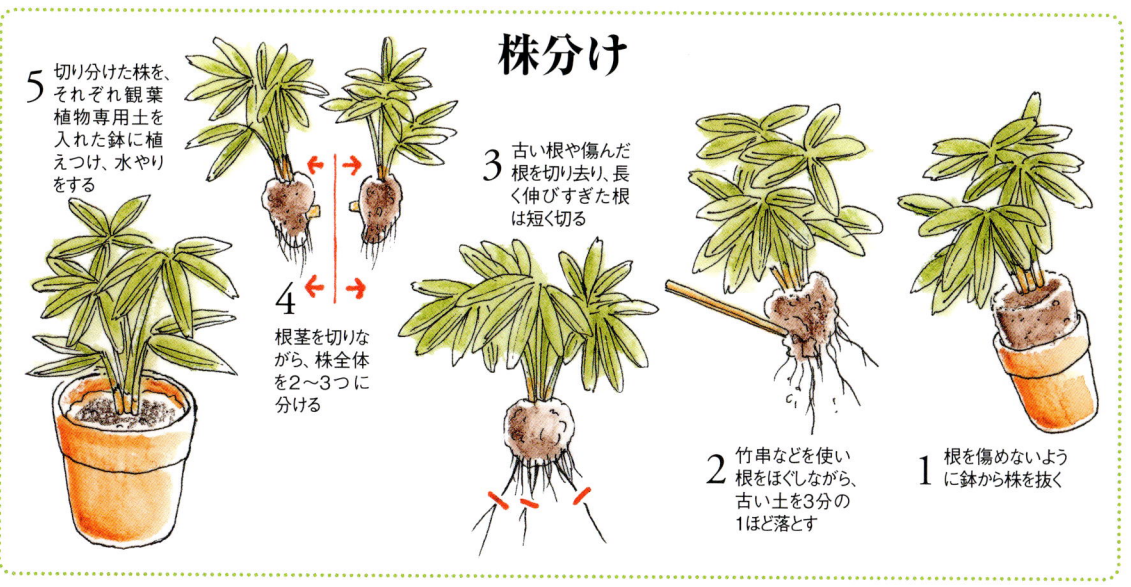

カンノンチク
Rhapis excelsa

'小判錦'
Rhapis excelsa
ヤシ科カンノンチク属

葉は薄い斑が入った淡い緑色になるカンノンチクです。春から秋の生育期には鉢土の表面が乾いたらたっぷりと水やりをします。とくに夏期の水切れに注意が必要です。

飾り方のポイント

耐陰性があるので日のあまり当たらない部屋に飾るとよいでしょう。カラフルな鉢を選べば洋風の部屋にも似合います。

株分け

1 根を傷めないように鉢から株を抜く

2 竹串などを使い根をほぐしながら、古い土を3分の1ほど落とす

3 古い根や傷んだ根を切り去り、長く伸びすぎた根は短く切る

4 根茎を切りながら、株全体を2〜3つに分ける

5 切り分けた株を、それぞれ観葉植物専用土を入れた鉢に植えつけ、水やりをする

57 カンノンチク

ギヌラ

Gynura aurantiaca

● キク科

[別名] サンシチソウ、ビロードサンシチ

赤紫で光沢のあるベルベットのような葉が美しい観葉植物

'パープル・パッション'
Gynura aurantiaca
キク科ギヌラ属（サンシチソウ属）

和名はツルビロードサンシチ。葉縁の切れ込みが原種よりやや大きく、深く、美しい葉をしています。半つる性で吊り鉢に適しています。日射しを好むので夏場は直射日光に当てましょう。

水やり

春から秋の生育期には、鉢土の表面が乾いたらたっぷりと水やりをします。冬は水やりを控えて、乾かし気味に管理します。水を与えすぎると徒長する場合がありますが、水不足だと葉が葉裏に巻きます。

肥料

5月～10月の間、2カ月に1回、緩効性の化成肥料を施します。

病害虫

春になって新葉が伸び始めるころ、アブラムシが発生します。見つけ次第殺虫剤を散布して駆除します。夏の高温時、乾燥した室内などではカイガラムシやオンシツコナジラミが発生します。発生初期に薬剤で駆除します。

繁殖

挿し木でふやすことができます。適期は4月下旬から8月上旬。長く伸びた茎を切り戻し、切り取った茎を挿し穂とします。

CALENDAR

越冬温度 5℃以上

月	日当たり	水やり	施肥	繁殖
1	ガラス越しの日光	乾かし気味		
2	ガラス越しの日光	乾かし気味		
3	ガラス越しの日光	乾かし気味		
4	ガラス越しの日光	乾かし気味		
5	直射日光	鉢土が乾いたらたっぷり	2カ月に1回	挿し木
6	直射日光	鉢土が乾いたらたっぷり	2カ月に1回	挿し木
7	直射日光	鉢土が乾いたらたっぷり	2カ月に1回	挿し木
8	直射日光	鉢土が乾いたらたっぷり	2カ月に1回	挿し木
9	直射日光	鉢土が乾いたらたっぷり	2カ月に1回	
10	直射日光	鉢土が乾いたらたっぷり	2カ月に1回	
11	ガラス越しの日光	乾かし気味		
12	ガラス越しの日光	乾かし気味		

ギヌラ
Gynura aurantiaca

'パープル・パッション'の葉はビロード状で、美しい紫紅色の毛に覆われています。

ギヌラ
Gynura aurantiaca
キク科ギヌラ属（サンシチソウ属）

和名はビロードサンチ。葉は'パープル・パッション'よりも紫色は濃くなく、葉の縁はあまり切れ込みません。茎は立ち上がります。

飾り方のポイント

半つる性の'パープル・パッション'は吊り鉢に適していますが、幼苗の葉がとりわけ美しく、ミニ観葉植物としても人気があります。

挿し木

1 長く伸びた茎を株もとまで切り戻し、切り取った茎を挿し穂とする

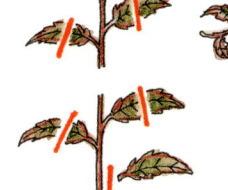

2 挿し穂は2節以上つくように5〜7cm程度に調整し、大きな葉は半分ほどに切る

3 平鉢などにバーミキュライトとパーライトを同量ずつまぜた土を入れ、挿し穂を挿し、水やりをする

4 2週間ほどして発根したら、赤玉土5、ピートモス3、軽石2の用土を入れた鉢に植えつけ、水を与える。5号吊り鉢なら3〜5株ずつ植えるとよい

クラッスラ
Crassula

●ベンケイソウ科
[別名] 花月、金のなる木

最近ではミニ観葉としても楽しまれる多肉植物

クラッスラ（花月）
Crassula ovata
ベンケイソウ科クラッスラ属

「金のなる木」といわれるように、多肉質で楕円形の葉が特徴的で、多くの園芸品種があります。日射しを好むので日光のよく当たる場所に置きます。

水やり
春から秋の生育期には、鉢土の表面が乾いたら水やりをします。ただし、やり過ぎで常に湿った状態にならないように注意します。冬には水やりを控えて乾かし気味に管理します。

肥料
春から秋の間、2カ月に1回、緩効性の化成肥料を施します。

病害虫
それほど多くありませんが、初夏から夏にかけて、花芽や茎葉にカイガラムシやアブラムシがつくことがあります。とくに花芽につくと開花時になっても花が咲かないこともあるので、発生を見つけたら早めに薬剤で防除します。

繁殖
挿し木でふやすことができます。適期は5月上旬～9月中旬。生育や生育後の姿のよさを考えると、頂芽挿しが適しています。

CALENDAR
越冬温度 5℃以上

月	日当たり	水やり	施肥	繁殖
1	ガラス越しの日光	乾かし気味		
2	ガラス越しの日光	乾かし気味		
3	ガラス越しの日光	乾かし気味		
4	ガラス越しの日光	鉢土が乾いたらたっぷり	2カ月に1回	挿し木
5	直射日光	鉢土が乾いたらたっぷり	2カ月に1回	挿し木
6	直射日光	鉢土が乾いたらたっぷり	2カ月に1回	挿し木
7	直射日光	鉢土が乾いたらたっぷり	2カ月に1回	挿し木
8	直射日光	鉢土が乾いたらたっぷり	2カ月に1回	挿し木
9	直射日光	鉢土が乾いたらたっぷり	2カ月に1回	挿し木
10	直射日光	鉢土が乾いたらたっぷり	2カ月に1回	
11	ガラス越しの日光	乾かし気味		
12	ガラス越しの日光	乾かし気味		

クラッスラ *Crassula*

'黄金花月'
Crassula ovata
ベンケイソウ科クラッスラ属

葉の色が黄金色に輝く園芸品種のひとつ。春から秋の生育期には、鉢土の表面が乾いたら水やりをします。冬は水やりを控え、乾燥気味に管理します。

クラッスラ(花月)の花。冬に花を咲かせます。茎の先端に淡い桃色の花をたくさんつけ、花は星のような形をしています。

挿し木

1 混み合ったり、間延びした部分を切り戻し、切り取った枝先を挿し穂とする。切り戻した分の下からは新芽が伸びる

2 挿し穂は5〜10cmの長さに切り、下葉を2〜3節取り除く

3 3号ポットを使い、挿し木用土を用いて挿し、水やりをする

4 3週間ほどで発根し、1カ月ほどして根が十分に回ったら、根鉢ごと5号鉢に、赤玉土5、ピートモス3、軽石2の土を使って植えつけ、水を与える

飾り方のポイント

小形に育てれば狭いスペースでも楽しむことができます。また1枚の葉からも発芽するためミニ観葉とすることもできます。

グリーンネックレス

●キク科
Senecio rowleyanus
[別名]ミドリノスズ、セネシオ

グリーンピースのような緑色の玉がつる状に連なる

'グリーンネックレス'
Senecio rowleyanus
キク科セネキオ属（サワギク属）

茎はつる状で長く伸びます。葉は長さ1cmほどの多肉質で球形。日射しを好むので日当たりのよい場所に置きますが、夏場はレースのカーテン越しの光が当たるところに移動します。

水やり

多肉質で乾燥に強く、多湿を嫌います。4月から10月までの生育期には、鉢土の表面が乾いたらたっぷりと水やりをします。秋になったら徐々に水やりを控え、冬は乾燥気味に管理します。

肥料

5月から10月の間、2カ月に1回程度、緩効性の化成肥料を施します。

病害虫

夏の高温乾燥期には、アブラムシやカイガラムシの発生が見られます。発生を見つけたら、早めに適用のある薬剤を散布して防除します。

繁殖

挿し木や株分けでふやすことができます。適期は4月下旬から9月上旬です。挿し木は、伸びすぎた茎を切り戻した際、切り分けて挿し穂を作り、挿し木をするとよいでしょう。挿し穂を土の上に横にしておくだけでも発根するほど簡単にふやすことができます。

CALENDAR

月	日当たり	水やり	施肥	繁殖	越冬温度
1	ガラス越しの日光	乾かし気味			5℃以上
2	ガラス越しの日光	乾かし気味			
3	ガラス越しの日光	乾かし気味			
4	レースのカーテン越しの日光	鉢土が乾いたらたっぷり	2カ月に1回	挿し木・株分け	
5	レースのカーテン越しの日光	鉢土が乾いたらたっぷり	2カ月に1回	挿し木・株分け	
6	レースのカーテン越しの日光	鉢土が乾いたらたっぷり	2カ月に1回	挿し木・株分け	
7	レースのカーテン越しの日光	鉢土が乾いたらたっぷり	2カ月に1回	挿し木・株分け	
8	レースのカーテン越しの日光	鉢土が乾いたらたっぷり	2カ月に1回	挿し木・株分け	
9	レースのカーテン越しの日光	鉢土が乾いたらたっぷり	2カ月に1回	挿し木・株分け	
10	ガラス越しの日光	乾かし気味			
11	ガラス越しの日光	乾かし気味			
12	ガラス越しの日光	乾かし気味			

グリーンネックレス
Senecio rowleyanus

別名「ミドリノスズ」というとおり、緑色の球形の葉をつけます。葉が地に着くと発根します。

葉の先端がとがった品種のひとつ。同じセネキオ属には、葉が三日月のように見えるセネキオ・ラディカンスもあります。

飾り方のポイント

直射日光など強い光線は厳禁ですが、日光不足になると徒長して茎（つる）が間延びして姿が悪くなります。明るい日陰の棚に飾るとよいでしょう。

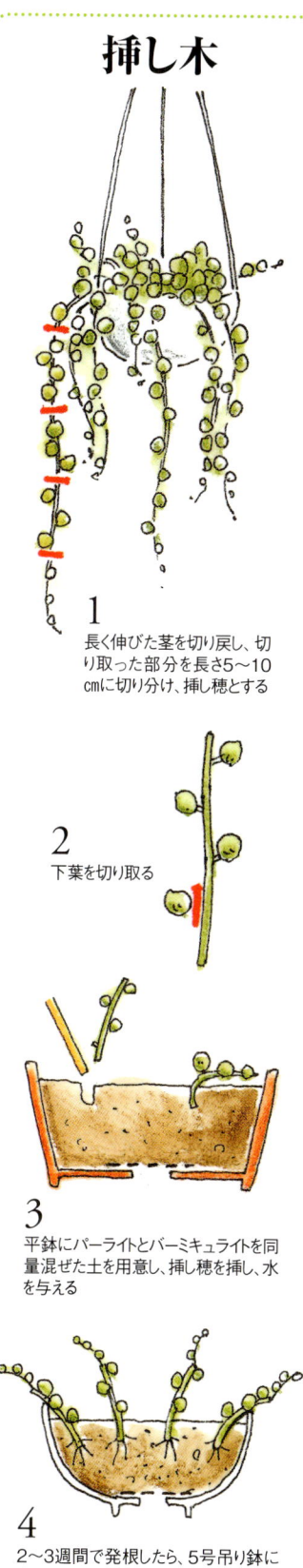

挿し木

1 長く伸びた茎を切り戻し、切り取った部分を長さ5〜10cmに切り分け、挿し穂とする

2 下葉を切り取る

3 平鉢にパーライトとバーミキュライトを同量混ぜた土を用意し、挿し穂を挿し、水を与える

4 2〜3週間で発根したら、5号吊り鉢に赤玉土5、ピートモス3、軽石2を混ぜた土を入れ、10本くらいずつ植えつけ、水を与える

クロトン

Codiaeum

トウダイグサ科

[別名] クロトンノキ、ヘンヨウボク

ヘンヨウボクと呼ばれるように、葉の形や、葉色が変化に富む

'エクセレント'
Codiaeum variegatum
トウダイグサ科クロトンノキ属

黄色と赤色の美しい葉色クロトンです。日照が不足すると美しい葉色が出ません。春から秋にかけては直射日光に当てます。冬は暖かくしてガラス越しの日光が当たるような場所で管理しましょう。

水やり
春から秋の生育期には、鉢土の表面が乾き始めたらたっぷりと水やりをします。とくに夏の高温で乾燥する時期には毎日たっぷり水やりをしましょう。冬には水やりを控えて乾燥気味に管理します。

肥料
春から秋の間、緩効性の化成肥料を2カ月に1回程度施します。

病害虫
一年を通じて新芽や葉裏、花茎などにカイガラムシやハダニが発生します。発生が確認できたらできるだけ早い時期に、適用のある殺虫剤を散布して駆除します。春にはアブラムシが、高温乾燥期にはハダニが発生しやすいので注意が必要です。

繁殖
取り木や挿し木でふやすことができます。適期は5月下旬〜8月下旬。取り木は環状剥離で行います。

CALENDAR

越冬温度 10℃以上

月	日当たり	水やり	施肥	繁殖
1	ガラス越しの日光	乾かし気味		
2				
3				
4		鉢土が乾いたらたっぷり	2カ月に1回	
5	直射日光			挿し木・取り木
6				
7		毎日		
8				
9		鉢土が乾いたらたっぷり		
10	ガラス越しの日光	乾かし気味		
11				
12				

クロトン
Codiaeum

飾り方のポイント

シックな鉢と合わせれば、和室にも似合います。冬は、暖房が効きすぎた部屋に置くと乾燥で葉が落ちてしまうので注意が必要です。

'エドノハナビ'
Codiaeum variegatum
トウダイグサ科クロトンノキ属

名前のとおり、花火のように細い葉をつけます。春から秋の生育期には、鉢土の表面が乾いたらたっぷりと水やりをします。高温乾燥期には葉水も与えましょう。秋以降は水やりを控え、乾かし気味に管理します。

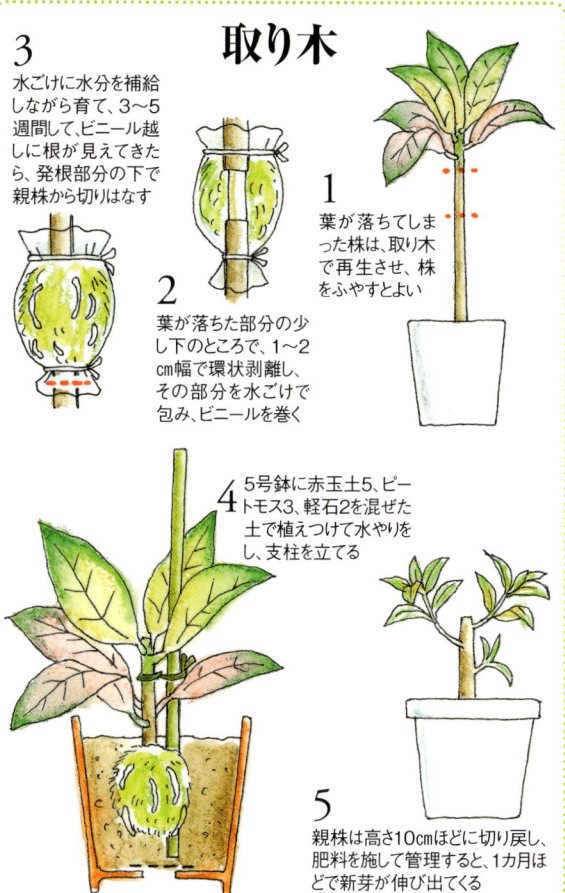

取り木

1 葉が落ちてしまった株は、取り木で再生させ、株をふやすとよい

2 葉が落ちた部分の少し下のところで、1〜2cm幅で環状剥離し、その部分を水ごけで包み、ビニールを巻く

3 水ごけに水分を補給しながら育て、3〜5週間して、ビニール越しに根が見えてきたら、発根部分の下で親株から切りはなす

4 5号鉢に赤玉土5、ピートモス3、軽石2を混ぜた土で植えつけて水やりをし、支柱を立てる

5 親株は高さ10cmほどに切り戻し、肥料を施して管理すると、1カ月ほどで新芽が伸び出てくる

'アツバ'
Codiaeum variegatum
トウダイグサ科クロトンノキ属

葉の色が美しく、葉脈部分がカラフルになります。葉は厚く、新葉は黄緑色がかっています。低温に弱いので、冬は10℃の温度が必要です。冬場はガラス越しの日光が当たる窓際に置きます。

ゲッキツ
Muraya paniculata

● ミカン科

[別名] シルクジャスミン、オレンジジャスミン

光沢のある緑色の葉だけでなく、芳香ある白い花、赤く色づく実と、長い期間楽しめます

ゲッキツ
Muraya paniculata
ミカン科ゲッキツ属

葉は光沢があり、鮮やかな緑色をしています。強い日射しを好むので、ガラス越しの光が当たる窓際に置きましょう。冬場は水やりを控えて乾燥気味に育てます。

水やり
春から秋の生育期には、鉢土の表面が乾き始めたらたっぷりと水やりをします。梅雨明け後の夏には毎日水やりをします。冬には水やりを控え、乾かし気味に管理します。

肥料
春から秋にかけて、緩効性の化成肥料を2カ月に1回程度施します。

病害虫
春、新芽が伸び始めたころ、アブラムシの被害がふえます。発生を確認したら早めに薬剤を散布して防除します。また、室内など風通しが悪く乾燥した環境ではカイガラムシやハダニが発生しやすくなります。発生初期に薬剤を散布して防除します。

繁殖
挿し木や実生でふやすことができますが、実生では観賞できるようになるまで時間がかかるので、挿し木でふやすのが一般的です。挿し木は5中旬〜6月下旬がもっとも適しています。

CALENDAR

越冬温度 5℃以上

月	日当たり	水やり	施肥	繁殖
1	ガラス越しの日光	乾かし気味		
2	ガラス越しの日光	乾かし気味		
3	ガラス越しの日光	乾かし気味		
4		鉢土が乾いたらたっぷり		
5		鉢土が乾いたらたっぷり		挿し木・実生
6	直射日光	ほぼ毎日	2カ月に1回	挿し木・実生
7	直射日光	ほぼ毎日	2カ月に1回	
8	直射日光	ほぼ毎日	2カ月に1回	
9	直射日光	ほぼ毎日	2カ月に1回	
10		鉢土が乾いたらたっぷり		
11	ガラス越しの日光	乾かし気味		
12	ガラス越しの日光	乾かし気味		

ゲッキツ
Muraya paniculata

飾り方のポイント

日光を好むため、室内でも日光の当たる明るい場所に飾ります。窓際に飾れば、遠近感が出て空間の広がりを演出します。

ゲッキツの花。別名にある「シルクジャスミン」というとおり、芳香のある白色の花をつけます。

挿し木

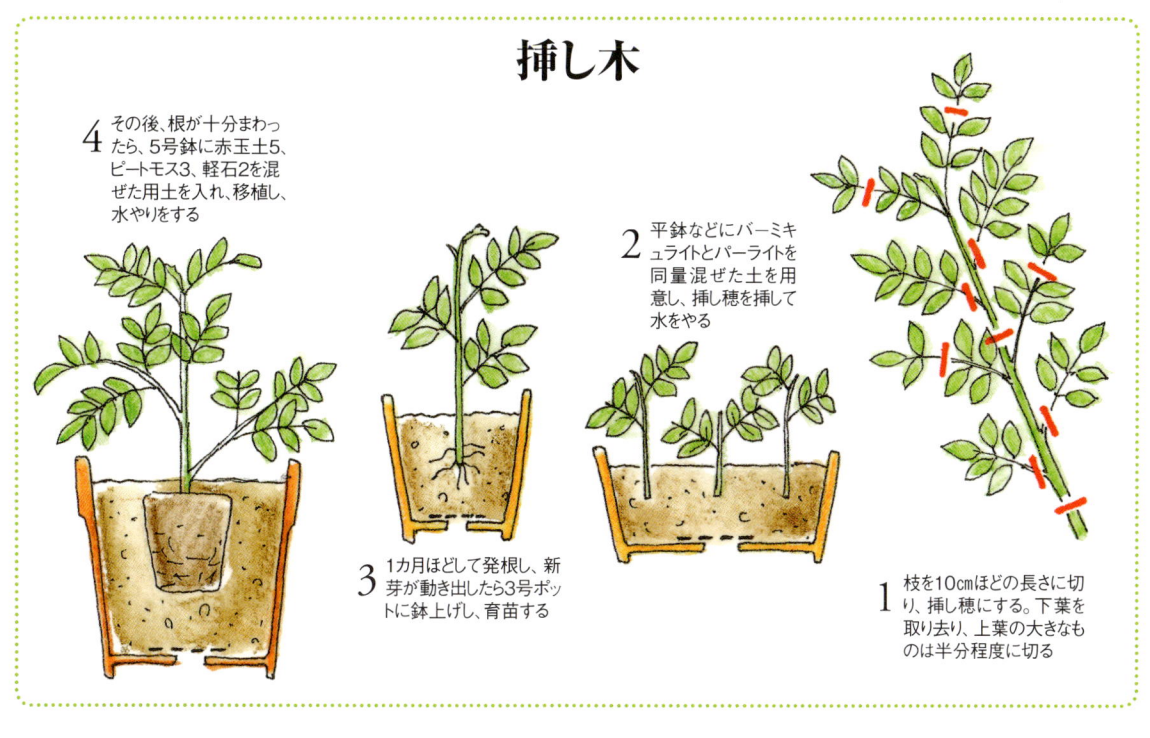

1 枝を10cmほどの長さに切り、挿し穂にする。下葉を取り去り、上葉の大きなものは半分程度に切る

2 平鉢などにバーミキュライトとパーライトを同量混ぜた土を用意し、挿し穂を挿して水をやる

3 1カ月ほどして発根し、新芽が動き出したら3号ポットに鉢上げし、育苗する

4 その後、根が十分まわったら、5号鉢に赤玉土5、ピートモス3、軽石2を混ぜた用土を入れ、移植し、水やりをする

コーヒーノキ

Coffea arabica

●アカネ科

コーヒー豆を収穫する常緑樹で、観賞用とされるのは幼木

コーヒーノキ
Coffea arabica
アカネ科コーヒーノキ属

葉には光沢があり、美しい緑色をしています。強い日射しを好むので、夏場は直接日射しの当たる場所に置きます。過湿は禁物ですが、鉢が小さなものは水切れしやすいので注意します。冬は水やりを控え、乾燥気味に管理します。

水やり

春から秋の生育期には、鉢土の表面が乾いたらたっぷりと水やりをします。ただし過湿は禁物です。小さな鉢に植えられたものは水切れしやすいので注意します。冬は水やりを控え、乾かし気味に管理します。

肥料

初夏から秋の間、2カ月に1回程度、緩効性の化成肥料を施します。葉色が悪い場合は、それに加えて、2週間に1回程度、水やり代わりに薄い液肥を与えるとよいでしょう。

病害虫

春になるとアブラムシの発生が見られます。新葉や葉裏、枝をこまめに見て、見つけ次第捕殺します。また、乾燥した室内に置くとカイガラムシが発生するので、早期に薬剤で防除します。

繁殖

挿し木や取り木でふやすことができます。適期は5月下旬から8月下旬。取り木では環状剥離を行います。

CALENDAR

越冬温度 10℃以上

月	日当たり	水やり	施肥	繁殖
1	ガラス越しの日光	乾かし気味		
2	ガラス越しの日光	乾かし気味		
3	ガラス越しの日光	乾かし気味		
4	ガラス越しの日光	乾かし気味		
5	直射日光〜半日陰	鉢土が乾いたらたっぷり	2カ月に1回	挿し木、取り木
6	直射日光〜半日陰	鉢土が乾いたらたっぷり	2カ月に1回	挿し木、取り木
7	直射日光〜半日陰	鉢土が乾いたらたっぷり	2カ月に1回	挿し木、取り木
8	直射日光〜半日陰	鉢土が乾いたらたっぷり	2カ月に1回	挿し木、取り木
9	直射日光〜半日陰	鉢土が乾いたらたっぷり	2カ月に1回	
10	直射日光〜半日陰	鉢土が乾いたらたっぷり	2カ月に1回	
11	ガラス越しの日光	乾かし気味		
12	ガラス越しの日光	乾かし気味		

コーヒーノキ
Coffea arabica

コーヒーノキの実。赤い色がふつうですが、品種によっては黄色のものや斑が入ったものもあります。乾燥させて取り出した種子がコーヒー豆になります。焙煎して挽いたものをコーヒーに利用します。

飾り方のポイント

観葉植物として育てる場合は耐陰性のある幼苗を利用します。葉はあまり個性を強調しないので、リビングなどに置くとよいでしょう。

コーヒーノキの花。花は白くて葉のわきにたくさんつきます。

挿し木

1 充実した枝を10cmほどの長さに切り、挿し穂とする

2 下葉を取り去り、大きな葉は半分ほどに切る

3 そのままでもよいが、挿し穂の切り口に発根剤をつけると活着率が高まる

4 平鉢にバーミキュライトを入れ、挿し穂の下部3分の1ほどを挿して水を与える

5 発根したら観葉植物専用土を使って植えつけ、水を与える

コリウス

Plectranthus

● シソ科

[別名] キンランジソ

赤、黄、白など多彩な葉色があり、葉形もさまざま

コリウス
Plectranthus blumei
シソ科ヤマハッカ属

葉が緑色で中に赤い斑が入るコリウスの1品種。強い日射しを好むのでガラス越しの光が当たる場所に置きます。夏場は直射日光の当たるところに置くか、外に出しましょう。

水やり

春から秋の生育期には、鉢土の表面が乾き始めたらたっぷりと水やりをします。とくに夏の高温乾燥期には、毎日水やりをして、水切れをさせないようにする必要があります。冬は乾かし気味に管理して、耐寒性を高めましょう。

肥料

5月から10月の間、2カ月に1回の割合で、緩効性の化成肥料を施します。

病害虫

春、新芽が伸び出す頃にアブラムシが発生することがあります。発生したら早めに適用のある薬剤を散布して防除します。また、高温乾燥時期にはハダニが発生しやすくなります。葉水を与えるなどして湿度を保ち、発生が確認できたら早めに適用のある薬剤を散布します。

繁殖

挿し木や株分けでふやすことができます。適期は5月中旬～8月中旬。

CALENDAR

越冬温度 5℃以上

月	日当たり	水やり	施肥	繁殖
1	ガラス越しの日光	乾かし気味		
2				
3				
4		鉢土が乾いたらたっぷり		
5	直射日光		2カ月に1回	挿し木・株分け
6		毎日		
7				
8				
9		鉢土が乾いたらたっぷり		
10	ガラス越しの日光	乾かし気味		
11				
12				

コリウス *Plectranthus*

挿し木

1 よく伸びた茎を切り戻し、2節の長さに切り、挿し穂とする

2 大きな葉は半分に切る

3 赤玉土5、ピートモス3、軽石2の土を入れた鉢に挿し、水やりをする

4 2週間ほどして発根したら3号ポットに鉢上げし、水を与える

コリウス
Plectranthus blumei

シソ科プレクトランサス属（ヤマハッカ属）

コリウスの1品種。コリウスには葉の色や形の違う多くの園芸品種があります。春から秋にかけての生育期には、鉢土の表面が乾いたらたっぷりと水やりをします。冬は水やりを控えめにします。

コリウスの花。シソ科の仲間なので、シソの形に似た花を秋に咲かせます。

飾り方のポイント

赤色や黄色など観葉植物にはない色が楽しめます。小さくまとめた形にして窓辺やテーブルなどに飾ります。鉢は控えめな色を選びましょう。

コルジリネ

Cordyline

● リュウケツジュ科

[別名] センネンボク、グッドラック・プランツ

カラフルな色合いの葉が美しい、中鉢向きの観葉植物

'チョコレートクイーン'
Cordyline fruticosa
リュウケツジュ科コルジリネ（センネンボク）属

葉の幅が広く青緑色の葉に黄色の斑が映えます。春から秋の生育期には、鉢土の表面が乾いてきたらたっぷりと水やりをします。冬には水やりを控え、乾燥気味に管理します。

水やり

春から秋の生育期には、鉢土の表面が乾いてきたらたっぷりと水やりをします。とくに7月上旬から9月中旬にかけては、水切れしないように毎日たっぷりと水やりをします。冬には水やりを控え、乾かし気味に管理します。

肥料

春から秋の間、緩効性の化成肥料を2カ月に1回程度施しますが、多肥は厳禁です。

病害虫

高温乾燥期にはハダニやカイガラムシの発生がふえます。こまめにチェックし、発生が見つかったら早めにそれぞれに適用のある薬剤を散布して、防除します。

繁殖

挿し木、地下茎を使った根伏せ、茎の部分での取り木などでふやすことができます。適期は5月中旬から8月中旬。

CALENDAR

越冬温度 5℃以上

月	日当たり	水やり	施肥	繁殖
1	ガラス越しの日光	乾かし気味		
2				
3				
4	鉢土が乾いたらたっぷり		2カ月に1回	挿し木、取り木、根伏せ
5				
6	直射日光	ほぼ毎日		
7				
8				
9		鉢土が乾いたらたっぷり		
10	ガラス越しの日光	乾かし気味		
11				
12				

コルジリネ 72

コルジリネ
Cordyline

飾り方のポイント

暖かい時期は戸外の日当たりのよい場所に置きましょう。鉢は葉とのバランスを考えて少し大きいものにします。

'サンダース'
Cordyline australis
リュウケツジュ科コルジリネ（センネンボク）属

シャープな葉が印象的な品種です。葉のつけ根は赤くなります。日当たりを好むので窓際に置きましょう。とくに夏場は戸外に置いて直射日光を当てます。

'レッドスター'
Cordyline australis
リュウケツジュ科コルジリネ（センネンボク）属

ラインの美しい細長い葉で、銅色の葉がシックな品種です。5～10月の間、2カ月に1回緩効性の肥料を施します。耐寒性があるので関東以南の暖地では戸外でも育てることができます。

根伏せ

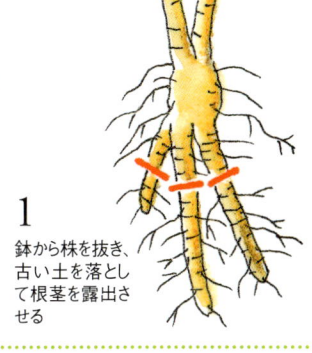

1 鉢から株を抜き、古い土を落として根茎を露出させる

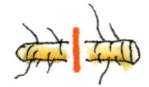

2 根茎を3～5cmの長さに切り分ける

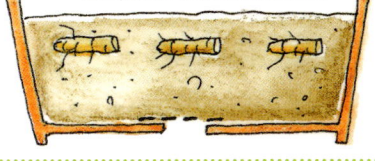

3 バーミキュライトの挿し床に、浅く横向きに伏せ込み、水を与える。用土が乾かないようにして日陰に置く

4 1カ月ほどして新芽が出てきたら、赤玉土5、ピートモス3、軽石2の用土で鉢上げをし、水やりをする

サンスベリア
Sansevieria

● リュウケツジュ科　[別名] チトセラン、トラノオ

細長い多肉質の葉が数枚立つようにつく

'ローレンティ'
Sansevieria trifasciata
リュウケツジュ科サンスベリア属
（チトセラン属）

淡色の縞と黄色い縁取りが美しい、人気の高いサンスベリア。葉挿しでふやすと独特の斑がなくなってしまいます。日当たりを好みますが夏場は直射日光の当たらないところに置きます。

水やり
春から秋にかけては、鉢土の表面が乾いたらたっぷりと水やりをします。秋～春は少しずつ水やりを控えて乾かし気味にします。春になったら少しずつ水やりを開始し、徐々に回数をふやしていきます。

肥料
春から秋の間、2カ月に1回程度、緩効性の化成肥料を施します。

病害虫
春になるとアブラムシがつくことがあります。数が少ないうちはつぶして駆除しますが、数がふえてきたら早めに殺虫剤で防除します。また、春から秋にかけてカイガラムシの被害が発生することがあります。薬剤を散布するか、濡らした布などで葉を拭くようにして取り去ります。

繁殖
株分けでふやすことができます。適期は5月から9月にかけて。葉挿しも可能ですが、斑入りの品種では斑が消えてしまうことがあります。

CALENDAR

越冬温度 5℃以上

月	日当たり	水やり	施肥	繁殖
1	ガラス越しの日光	乾かし気味		
2	ガラス越しの日光	乾かし気味		
3	ガラス越しの日光	乾かし気味		
4	ガラス越しの日光	鉢土が乾いたらたっぷり	2カ月に1回	株分け、葉挿し
5	レースのカーテン越しの日光	鉢土が乾いたらたっぷり	2カ月に1回	株分け、葉挿し
6	レースのカーテン越しの日光	鉢土が乾いたらたっぷり	2カ月に1回	株分け、葉挿し
7	レースのカーテン越しの日光	鉢土が乾いたらたっぷり	2カ月に1回	株分け、葉挿し
8	レースのカーテン越しの日光	鉢土が乾いたらたっぷり	2カ月に1回	株分け、葉挿し
9	レースのカーテン越しの日光	鉢土が乾いたらたっぷり	2カ月に1回	株分け、葉挿し
10	ガラス越しの日光	乾かし気味		
11	ガラス越しの日光	乾かし気味		
12	ガラス越しの日光	乾かし気味		

サンスベリア
Sansevieria

'センセーション'
Sansevieria trifasciata
リュウケツジュ科サンスベリア属
（チトセラン属）

細い棒状の葉がまっすぐ上に伸びる、シャープなイメージのサンスベリアです。白い斑が入ります。'バンテルセンセーション'として流通することもあります。

飾り方のポイント

冬は暖かい室内に置きます。冬に水やりを減らすことで耐寒性が高まり、5℃くらいでも冬越しできます。小さいものはテーブルの上のアクセントになります。

株分け

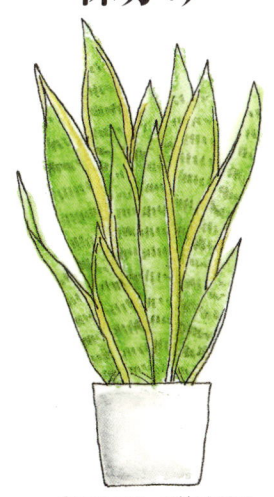

1 育てていると、子株ができて、株が鉢一杯になってくる

2 鉢から株を抜き、古い土を落として2〜3株ずつつけて切り分ける

3 5〜7号程度の鉢に、観葉植物専用土を使って植えつける。植えつけ後は、水やりをし、支柱を立ててひもで固定する

シェフレラ

Schefflera

●ウコギ科　[別名] フカノキ

掌状に広がる葉が涼やかで飽きのこない観葉植物

'ホンコン'
Schefflera arboricola
ウコギ科シェフレラ属（フカノキ属）

葉色は濃緑色。葉柄が太いため、全体的に締まった印象があります。日照不足にも強く、半日陰でも育ちますが、本来は日射しを好みます。戸外やガラス越しの直射日光の当たる場所に置きましょう。

水やり

春から秋の生育期には、鉢土の表面が乾いたらたっぷりと水やりをします。夏の高温で乾燥する時期にはほぼ毎日水やりをします。冬は水やりを控え、乾かし気味に管理します。

肥料

春から秋の間、2カ月に1回程度、緩効性の化成肥料を施します。

病害虫

春から初夏にかけて伸び出した新芽にアブラムシが発生することがあります。見つけ次第殺虫剤を散布して防除します。また、室内など風通しの悪い乾燥した条件ではカイガラムシの発生が見られます。発生初期に薬剤を散布して早めに防除しましょう。

繁殖

挿し木や取り木でふやすことができます。適期は4月下旬から9月上旬にかけて。環状剥離を行えば比較的簡単に取り木もできます。

CALENDAR

越冬温度 5℃以上

月	日当たり	水やり	施肥	繁殖
1	ガラス越しの日光	乾かし気味		
2	ガラス越しの日光	乾かし気味		
3	ガラス越しの日光	乾かし気味		
4	鉢土が乾いたらたっぷり		挿し木 取り木	
5	鉢土が乾いたらたっぷり		挿し木 取り木	
6	直射日光	ほぼ毎日	2カ月に1回	挿し木 取り木
7	直射日光	ほぼ毎日	2カ月に1回	挿し木 取り木
8	直射日光	ほぼ毎日	2カ月に1回	挿し木 取り木
9	直射日光	ほぼ毎日	2カ月に1回	挿し木 取り木
10	鉢土が乾いたらたっぷり			
11	ガラス越しの日光	乾かし気味		
12	ガラス越しの日光	乾かし気味		

シェフレラ
Schefflera

'スターシャイン'
Schefflera
ウコギ科シェフレラ属
（フカノキ属）

小葉は細長く、表面は波打ったようになり、まるでマメのさやのように見えます。掌状に開いた小葉はやや垂れ下がり、和の雰囲気もあります。

飾り方のポイント

直立させたい場合は早い時期に支柱を立てて誘引します。小さい株はラックや高さのある鉢を利用し、床との距離をあけてすっきり見せます。

挿し木

1 枝は2、3節ほど残して切る

2 下部の葉を取り、残った葉を半分に切る

3 鉢などにバーミキュライトを用土として入れ、挿し穂を挿して、水やりをする

4 育苗し、新芽が伸び出すようになったら鉢上げをし、水を与える

'ハッピー・イエロー'
Schefflera arboricola
ウコギ科シェフレラ属（フカノキ属）

'ホンコン'の葉に鮮やかな黄色の斑が入った園芸品種です。春から秋の生育期には、鉢土の表面が乾いたらたっぷりと水やりをします。夏にはほぼ毎日水やりをします。

シダ類

Adiantum, Asplenium ~etc.

● イノモトソウ科、チャセンシダ科、ヘゴ科 〜など

和風・洋風どちらにも似合うシダの仲間

アジアンタム
Adiantum raddianum
イノモトソウ科アジアンタム属

別名ホウライシダ。さわやかな印象のグリーンで、小さく繊細な葉姿が美しいシダの仲間です。明るい日陰を好みます。強い日射しを嫌い、日陰でも耐えますが、日光不足だと徒長して草姿が乱れます。レースのカーテン越しの日光に当てましょう。湿度を好み、用土の乾燥を嫌うので、水切れしないように注意します。冬には用土の表面が乾燥したらたっぷりと水やりをしましょう。春から秋には1〜2週間に1回、液肥を与えます。

シダの仲間はとても種類が多く、一般的に、茎（幹）が立ち上がらず、羽状の複葉をつけますが、なかには幹を直立させるものや樹木に着生して育つものもあります。

観葉植物としては、アジアンタムやプテリスといったイノモトソウ科の植物、タニワタリなどチャセンシダ科の仲間、タマシダなどタマシダ科の仲間、木のようになるヘゴ、他の植物に着生して育つビカクシダなどが利用されます。

多くは日陰を好み、利用の仕方によって和風にも洋風にも使えるため、室内観賞用の植物としてとても適しているといえます。

多湿を好むため、春から秋の生育期には毎日たっぷりと水やりをします。葉水も十分に与えましょう。冬はやや乾燥気味に管理します。

アブラムシやカイガラムシなどがつくので葉をよく観察して、見つけたら早めに薬剤を散布します。

CALENDAR

月	日当たり	水やり	施肥	繁殖
1	レースのカーテン越しの日光	鉢土がやや乾いたらたっぷり		
2				
3				
4				
5	直射日光を避けた室内	ほぼ毎日たっぷり 鉢土がやや乾いたらたっぷり	1〜2週間に1回	株分け
6				
7				
8				
9				
10				
11	レースのカーテン越しの日光	鉢土がやや乾いたらたっぷり		
12				

越冬温度 5℃以上

※アジアンタムのカレンダー

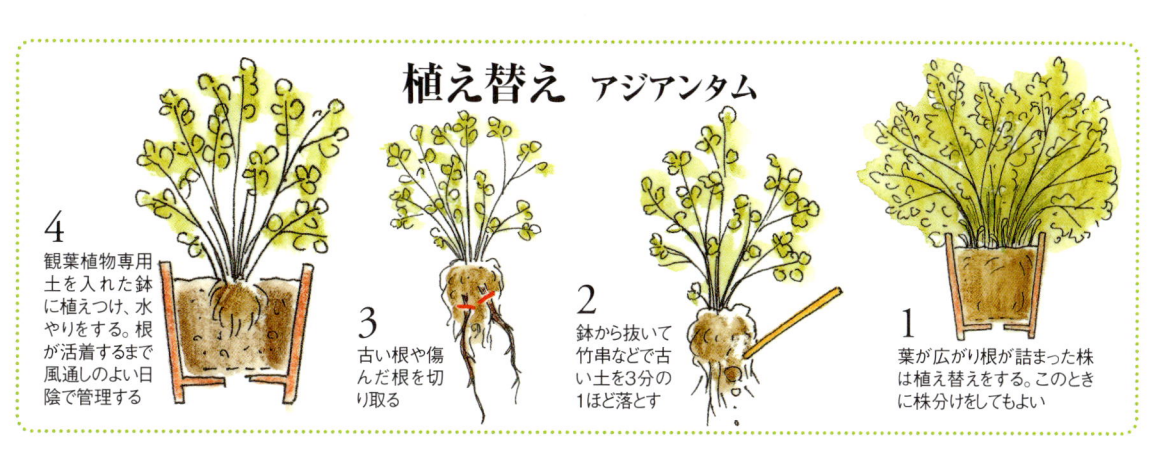

シダ類
Adiantum, Asplenium ~etc.

飾り方のポイント

明るい緑色の葉をしたアジアンタムは、日陰を好むので、キッチンなどやや奥まった場所に飾るとよいでしょう。

アジアンタム 'フリッツ・ルーシー'
Adiantum raddianum
イノモトソウ科アジアンタム属

鮮やかな緑色の葉をしています。ほかのアジアンタムの仲間より、やや葉が立ち上がります。湿った環境を好むので、たっぷりと水やりをして乾燥させないように管理しましょう。

アスプレニウム
Asplenium
チャセンシダ科アスプレニウム属

別名シマオオタニワタリ、チャセンシダ。大きな葉を放射状に広げるシダの仲間です。葉は明るい緑色で、ビニールのような光沢があります。明るい日陰を好むため、窓際に置いてレースのカーテン越しの日光に当てます。直射日光が当たると葉焼けをするので注意します。湿った状態を好むため、春から秋にかけては鉢土の表面が乾き始めたら、たっぷりと水やりをします。冬には耐寒性を高めるためにやや乾かし気味に管理します。写真は'アビス'。

植え替え アジアンタム

4 観葉植物専用土を入れた鉢に植えつけ、水やりをする。根が活着するまで風通しのよい日陰で管理する

3 古い根や傷んだ根を切り取る

2 鉢から抜いて竹串などで古い土を3分の1ほど落とす

1 葉が広がり根が詰まった株は植え替えをする。このときに株分けをしてもよい

リュウビンタイ
Angiopteris lygodiifolia
リュウビンタイ科リュウビンタイ属

大形のシダで、葉の長さは1mほどになりますが、鉢植えでは、通常それほど大きくはなりません。古い葉が落ちるとそこがゴツゴツとした黒褐色の塊になる性質を持ち、その部分からゼンマイのような姿の新芽が数本伸び出します。明るい日陰を好むため、直射日光の当たらない明るい場所に置きます。多湿を好むため、春から秋の生育期には毎日たっぷりと水やりをします。葉水も十分に与えましょう。冬はやや乾燥気味に管理します。

ネフロレピス
Nephrolepis
タマシダ科ネフロレピス属(タマシダ属)

別名セイヨウタマシダ。びっしりと小葉を羽状につけた葉を広げ、シダの典型ともいえる葉姿で人気があります。耐陰性がとても強く、部屋のどのような場所にも置くことができますが、もともと明るい日陰を好むため、日光が不足すると、枝がやや間延びしたり枯れ込んだりします。春～秋の生育期には、鉢土の表面が乾いたら葉に水がかかるようにしながらたっぷりと水やりをします。どちらかというと乾燥には強く過湿を嫌い、気温の高い時期に過湿にすると蒸れて落葉することがあるので注意が必要です。冬はやや乾燥気味に管理します。写真は'ツディ'。

シダ類

シダ類 Adiantum, Asplenium ~etc.

ビカクシダ
Platycerium bifurcatum
ウラボシ科コウモリラン属

別名コウモリラン。シカの角のように切れ込みの入る葉を垂れ下げるシダの仲間です。暖かい環境を好むので、最低8℃ほどの気温が必要です。明るい日陰を好むので、直射日光の当たらない明るい場所に置きます。日光に当たると葉焼けをするので注意が必要です。多湿を好むので春から秋の生育期には、鉢土の表面が乾いたらたっぷりと水やりをします。また、葉水も行います。冬はやや乾燥気味に管理します。

ヘゴ
Cyathea spinulosa
ヘゴ科ヘゴ属

茎が直立する常緑の木性シダです。直立させた茎の先に葉をつけます。耐陰性はありますが、比較的明るい日陰を好みます。高温多湿な環境を好み、最低10℃ほどの気温が必要ですので、冬は室内で管理します。春から秋の生育期には、鉢土の表面が乾いたらたっぷりと水やりをします。同時に葉水も毎日与えます。とくに茎の部分の湿度は大切で、茎が乾燥すると葉が枯れ込み、やがて枯れます。冬はやや乾燥気味に管理します。

シッサス

Cissus

●ブドウ科

[別名] グレープアイビー、カンガルーアイビー

美しい緑色で切れ込みが魅力的な葉をもつブドウの仲間

'シュガーバイン'
Cissus striata
ブドウ科セイシカズラ属

パーセノシッサス'シュガーバイン'としても流通しています。掌状の葉が広がり、濃い緑色をしています。春から秋の生育期には、鉢土の表面が乾いたらたっぷりと水やりをします。夏は毎日水やりをしましょう。冬は水やりを控え乾燥気味に管理します。

水やり

4月から10月の生育期には鉢土の表面が乾いたら、たっぷりと水やりをします。気温が下がってからは水やりを控え、やや乾かし気味に管理します。

肥料

5月から10月の間、2カ月に1回程度、緩効性の化成肥料を施します。

病害虫

初夏から夏にかけて、風通しが悪いとカイガラムシが発生します。見つけしだい適用のある殺虫剤を散布して防除します。また高温で乾燥した時期にはハダニの発生が見られます。葉水を与えるなどして保湿するとともに、発生が見られたら早期に殺ダニ剤を散布し、早めに防除します。

繁殖

挿し木や株分けでふやすことができます。適期は5月上旬から9月上旬。株が大きくなり、根が鉢に一杯になってきたら、植え替えを兼ねて株分けをしてふやすとよいでしょう。

月	1	2	3	4	5	6	7	8	9	10	11	12
日当たり	ガラス越しの日光			レースのカーテン越しの日光						ガラス越しの日光		
水やり	乾かし気味			鉢土が乾いたらたっぷり							乾かし気味	
施肥				2カ月に1回								
繁殖				挿し木、株分け								

越冬温度 10℃以上

CALENDAR

シッサス | 82

シッサス *Cissus*

飾り方のポイント

葉姿も美しく、つる性を活かし、ハンギングバスケットに植え込んだり、そのまま飾り棚に入れてつるを垂らすと魅力が引き立ちます。

'エレン・ダニカ'
Cissus rombifolia
ブドウ科セイシカズラ属

ブドウの葉に似た切れ込みのある、濃緑色の葉です。明るい場所に置けばつるを盛んに伸ばして垂らすので、吊り鉢に仕立てて窓際の明るい場所に飾るとよいでしょう。ただし強い直射日光は葉焼けを起こすので、夏は明るい日陰で管理します。

挿し木

1 下葉が落ちたつるを切り戻し、切った茎を3～4節に切って挿し穂とする

2 上2節の葉を残し、残した葉は半分に切る

3 平鉢にバーミキュライトとパーライトを同量混ぜた土を入れ、挿し穂を挿して水やりをする

4 1カ月ほどして発根したら鉢上げをする。赤玉土5、ピートモス3、軽石2を混ぜた用土を使って、3号プラ鉢に1株ずつ植えつけて水を与える。5～6号程度の吊り鉢に5～7株ずつ植えつけてもよい

'ヘンリアーナ'
Cissus rombifolia
ブドウ科セイシカズラ属

切れ込みが深く緑色の葉をしたつる性植物です。つるを伸ばして葉を目立たせるように飾るとよいでしょう。夏場は毎日たっぷりと水やりをし、直射日光の当たらない場所に置きます。

シペラス

Cyperus

● カヤツリグサ科

[別名] カヤツリグサ、キペルス、シュロカヤツリ、アンブレラプラント

紙の原料と知られるパピルスに代表される、涼しげな葉姿

パピルス
Cyperus papyrus
カヤツリグサ科カヤツリグサ属

大形のシペラスの仲間です。水辺の植物であるため水を好み、生育期には水盤に水を張って鉢を浸けて水切れしないようにします。水は頻繁に替えます。

越冬温度 5℃以上

CALENDAR

月	日当たり	水やり	施肥	繁殖
1	ガラス越しの日光	鉢土を乾かさない		
2				
3				
4				
5	直射日光		2カ月に1回	株分け
6				
7				
8				
9				
10	ガラス越しの日光			
11				
12				

水やり

一年中生育するので、鉢土の表面が乾燥し始める前にたっぷりと水やりをします。夏の高温乾燥期には毎日水やりをします。とくに、パピルスなど水を好む種類は、鉢ごと水の中に浸ける工夫などして育てましょう。

肥料

5～10月の間、2カ月に1回程度、緩効性の化成肥料を施します。水中で育てている場合は、固形肥料を鉢土に埋め込むように施します。

病害虫

初夏から秋の初めにかけて、新芽や茎のつけ根などにカイガラムシやアブラムシが発生することがあります。見つけ次第、薬剤を用いて防除します。

繁殖

株分けで容易にふやすことができます。適期は5月上旬から9月中旬まで。ひと株に3本以上、茎がつくように切り分けます。

シペラス | 84

シペラス
Cyperus

株分け

4 それぞれの株を、赤玉土7、腐葉土3を混ぜた水もちのよい土を使って植えつける。植えつけ後は水を与え、支柱を立ててひもで固定

3 株を、それぞれに茎が3本以上残るように、地下茎を切り分ける

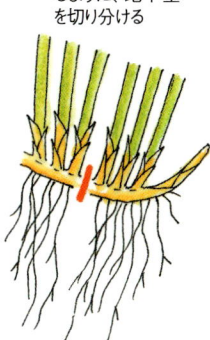

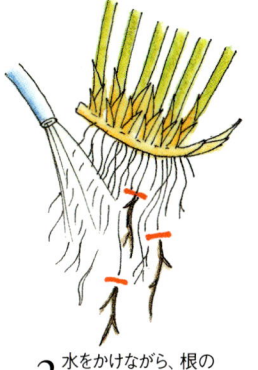

2 水をかけながら、根のまわりの土を半分ほど落とし、古い根、長く伸びた根を切り取る

1 株を鉢から抜き取る

飾り方のポイント

リビングなど光がよく当たる場所に飾ります。ふた回りほど大きな水を貯めた、底に穴のない容器に穴あき鉢ごと沈めるのがよいでしょう。

ユキボウズ
Cyperus kyllingia (*Kyllinga nemoralis*)
カヤツリグサ科カヤツリグサ属（カヤツリグサ科キリンガ属）

別名ユキノコボウズ。葉の間から伸ばした花茎の先に3枚の細長い葉状苞を広げ、その中央に白い球状の小穂をつけます。株の高さは50cmほどです。水に浸けて育てる場合は、水が悪くなる前に、水替えを行います。

シマトネリコ

Fraxinus griffithii

● モクセイ科
[別名] タイワンシオジ

小ぶりで艶のある葉が密につき、繊細な印象の樹木

シマトネリコ
Fraxinus griffithii
モクセイ科トネリコ属

葉は小さくて光沢があり密に茂りますが、軽やかな印象に見えます。春から秋の生育期には、鉢土の表面が乾く前にたっぷりと水やりをします。冬は鉢土の表面が乾いてから水やりをします。

水やり

乾燥にも比較的強いのですが、葉が多く生長も早いので、水をよく吸収します。春から秋の生育期には鉢土が乾く前に、冬には鉢土が乾いたらたっぷりと水やりをします。

肥料

4月から10月までの間、2カ月に1回程度、緩効性の化成肥料を施します。

病害虫

風通し悪く管理するとカイガラムシやアブラムシが発生します。風通しを図って発生を予防し、発生が確認できたら早めに適用のある薬剤を散布して防除します。とくに若い枝や新芽、日照不足で弱った株につきやすくなります。

繁殖

挿し木や取り木でふやすことができます。適期は5月から10月中旬までで。環状剥離を行えば比較的簡単に取り木もできます。

CALENDAR

月	日当たり	水やり	施肥	繁殖	越冬温度
1	ガラス越しの日光	鉢土が乾いたらたっぷり			5℃以上
2	ガラス越しの日光	鉢土が乾いたらたっぷり			
3	ガラス越しの日光	鉢土が乾いたらたっぷり			
4	直射日光	鉢土の表面が乾く前に	2カ月に1回	挿し木・取り木	
5	直射日光	鉢土の表面が乾く前に	2カ月に1回	挿し木・取り木	
6	直射日光	鉢土の表面が乾く前に	2カ月に1回	挿し木・取り木	
7	レースのカーテン越しの日光	鉢土の表面が乾く前に	2カ月に1回	挿し木・取り木	
8	レースのカーテン越しの日光	鉢土の表面が乾く前に	2カ月に1回	挿し木・取り木	
9	直射日光	鉢土の表面が乾く前に	2カ月に1回	挿し木・取り木	
10	直射日光	鉢土の表面が乾く前に	2カ月に1回	挿し木・取り木	
11	ガラス越しの日光	鉢土が乾いたらたっぷり			
12	ガラス越しの日光	鉢土が乾いたらたっぷり			

シマトネリコ *Fraxinus griffithii*

植え替え

1 根詰まりした株を鉢から抜き取る

2 竹串などを使って古い土を落とす

3 古い根や傷んだ根を切り取る

4 ひと回り大きな鉢に観葉植物専用土を入れて植えつけ、水やりをする

斑入りシマトネリコ
Fraxinus griffithii
モクセイ科トネリコ属

葉に白い斑が入った美しいシマトネリコの品種です。シマトネリコと同様に生長が早く、根詰まりしやすいので1～2年に1回は植え替えましょう。

シマトネリコの実。花をつけたあと細長い実をつけます。色は白くよく目立ちます。

飾り方のポイント

室内で管理すれば落葉しにくくなります。涼やかな葉が印象的で高さもあるので、リビングなどのシンボルツリーとして飾ります。

ジャカランダ

Jadcaranda mimosifolia

●ノウゼンカズラ科

羽根のように集まった葉が美しい観葉植物

ジャカランダ
Jadcaranda mimosifolia
ノウゼンカズラ科ジャカランダ属

やわらかな印象の葉をつけます。紫色の花も美しいのですが、観葉植物として利用されるのは幼木で、花はほとんどつきません。日射しを好むのでガラス越しの日光が当たる窓際に置きましょう。夏は日射しが十分当たるように戸外に置きます。

水やり
5月から9月の生育期には、鉢土の表面が乾き始めたらたっぷりと水やりをします。秋になったら水やりを減らし、冬の間はやや乾かし気味に管理します。暖かくなってきたら少しずつ水やりを始めます。

肥料
5月から9月の間、2カ月に1回程度、緩効性の化成肥料を施します。

病害虫
室内など風通しの悪い乾燥した条件では、まれにカイガラムシやオンシツコナジラミ、ハダニが発生することがあります。見つけたら濡らした布などで葉を拭くようにして取り去ります。たくさん発生した場合は薬剤を散布して防除します。

繁殖
挿し木でふやすことができます。適期は5月から7月にかけて。充実した枝を5〜7cmほどの長さに切って、下葉を落とした枝を挿し穂にします。

CALENDAR

越冬温度 0℃以上

月	日当たり	水やり	施肥	繁殖
1	ガラス越しの日光	やや乾かし気味		
2	ガラス越しの日光	やや乾かし気味		
3	ガラス越しの日光	やや乾かし気味		
4	ガラス越しの日光	やや乾かし気味		
5	直射日光	鉢土が乾いたらたっぷり	2カ月に1回	挿し木
6	直射日光	鉢土が乾いたらたっぷり	2カ月に1回	挿し木
7	直射日光	鉢土が乾いたらたっぷり	2カ月に1回	挿し木
8	直射日光	鉢土が乾いたらたっぷり	2カ月に1回	
9	直射日光	鉢土が乾いたらたっぷり	2カ月に1回	
10	ガラス越しの日光	やや乾かし気味		
11	ガラス越しの日光	やや乾かし気味		
12	ガラス越しの日光	やや乾かし気味		

ジャカランダ *Jacaranda mimosifolia*

挿し木

1. 充実した枝を5〜7cmほどの長さに切って下葉を切り取り、挿し穂とする 
2. 残した葉のうち大きなものは半分に切り詰める 
3. 平鉢などにバーミキュライトを入れて挿し床とし、挿し穂を挿し、水を与える 
4. 半日陰に置いて管理し、発根したら鉢上げをして水を与える

ジャカランダの葉。細かい葉がたくさんついて繊細な印象になります。

ジャカランダの花。紫色の美しい花をつけますが、観葉植物として室内で栽培する場合、花はほとんど見られません。花は筒状で長さは5cmくらいです。

飾り方のポイント

日射しをとても好むため、室内に飾る場合はリビングなどの窓際でたっぷりと日光が当たるようにしましょう。夏は戸外で直射日光に当てます。

シュロチク
Rhapis humilis

●ヤシ科

江戸時代に渡来し古くから利用され、多くの園芸品種がある

シュロチク
Rhapis humilis
ヤシ科カンノンチク属

葉は大きな半円で深く裂けます。日射しを嫌うのでレースのカーテン越しの日光が当たる場所に置きます。夏場はとくに直射日光の当たらない場所に置くか、明るい日陰に飾りましょう。

水やり
春から秋の生育期には、鉢土の表面が乾いたらたっぷりと水やりをします。とくに夏の高温乾燥期には毎日水やりをします。冬の間は水やりを控え、乾かし気味に管理します。

肥料
5月から10月までの間、2カ月に1回程度、緩効性の化成肥料を施します。

病害虫
とくに大きな被害はありませんが、風通しの悪い閉め切った室内では、カイガラムシの発生が見られます。見つけたら早いうちに適用のある薬剤を散布して防除します。数が少なければブラシでこすって落とします。

繁殖
株分けでふやすことができます。5月上旬から6月に行えますが、湿度の高い梅雨の期間が最適です。少なくともそれぞれの株に3本程度幹と枝が残るように株分けします。

CALENDAR

月	1	2	3	4	5	6	7	8	9	10	11	12
日当たり	レースのカーテン越しの日光				直射日光のあたらない室内						レースのカーテン越しの日光	
水やり	乾かし気味			鉢土が乾いたらたっぷり			鉢土が乾いたらたっぷり				乾かし気味	
施肥					2カ月に1回							
繁殖					株分け							
越冬温度 5℃以上												

シュロチク *Rhapis humilis*

株分け

5 それぞれの株を、桐生砂4、日向土3、鹿沼土3などの土で植えつけ、水を与える

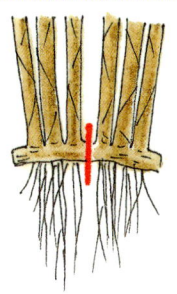

4 根茎を、幹枝が3本ずつ程度になるように切り分ける

3 根鉢ごと水の中に入れ、洗うようにしながら古い土を落とす

2 鉢の縁を叩いて鉢から株を抜く

1 根が詰まり、地上部が大きく茂ってバランスが悪くなったら、株分けをする

飾り方のポイント

観賞用としては一般に葉の幅が細いものが好まれています。和風のグリーンですが、ソファやチェストなど洋風の家具にも似合います。

'錦松'
Rhapis humilis
ヤシ科カンノンチク属

古くから栽培される園芸品種のひとつです。やや多湿な環境を好み、土が乾きすぎたり空中湿度が低くなると葉先が枯れ込みます。春から秋の生育期には、鉢土が乾いたらたっぷりと水やりをする。

シュロチクの葉。手のひらを広げたような細くシャープな葉は落ち着いた雰囲気を演出します。

食虫植物
Nepenthes, Sarracenia, Drosera

● ウツボカズラ科、サラセニア科、モウセンゴケ科

不思議な形をした姿が魅力の食虫植物

サラセニア
Sarracenia

サラセニア科サラセニア属

別名ヘイシソウ。茎はなく、地上近くから筒状の葉を上向きに伸ばし、その中に落ちた昆虫などを栄養として生長する食虫植物です。交配種が数多く作り出されていて、葉の形がユニークなものや網目模様の入った葉を持つものなどがあります。日光を好むため、春から秋には直射日光に当て、冬には日の当たる窓際に置くようにします。湿地の植物なので、鉢土が常に湿っているように管理します。肥料は与えません。

食虫植物とは、昆虫や小さな生物を捕らえ、溶かすなどして栄養分を吸収して生育している植物をいいます。一口に食虫植物といっても多くの種類があり、種類によって生育環境に少しずつ違いがあります。

サラセニアなどのように筒状の葉で昆虫を捕らえるもの、モウセンゴケの仲間のように葉の粘液で昆虫を捕らえるものなど、その性質はさまざまです。どの種類も基本的に根も葉もあるので昆虫を栄養としなくても生育できますが、昆虫を栄養とすることでよく育ちます。

とても珍しい植物といえますが、最近では、いくつかの種類が一般の園芸店やホームセンターなどで売られ、簡単に入手することができるようになりました。一般に食虫植物は日当たりのよい湿地などに自生し、ふつうの園芸植物より管理された環境で育てないとうまく育ちません。とくに多湿を好むので水やりをこまめに行い葉水で湿度を補う必要があります。

CALENDAR				月
越冬温度 -7℃以上（サラセニア）	繁殖	施肥	水やり	日当たり	
				ガラス越しの日光	1
					2
		株分け			3
					4
			毎日たっぷり	戸外の半日陰	5
					6
					7
					8
					9
				ガラス越しの日光	10
					11
					12

※サラセニアのカレンダー

食虫植物 *Nepenthes, Sarracenia, Drosera*

飾り方のポイント
サラセニア

日当たりを好むので夏場は直射日光が当たる窓際に置きます。ユニークな姿を引き立たせるために単体で飾るようにしましょう。

ウツボカズラ
Nepenthes
ウツボカズラ科ウツボカズラ属

別名ネペンテス。葉の先がつるになり、その先に壺状の袋がつくというユニークな形をしています。この壺状の部分で昆虫を捕らえます。多くの品種が作り出され、袋の形や色、大きさもさまざまです。日当たりのよい高温多湿な場所を好みます。初夏から秋の生育期には、鉢土が乾くことのないように、たっぷりと水やりをします。冬は鉢土が乾いたら水やりをして、日中に霧吹きで葉水を与えます。肥料はほとんど与えません。

植え替え
サラセニア

1 鉢から抜き取り、竹串やピンセットなどで古い水苔を落とす

2 新しい水苔を湿らせて根を包む

3 鉢に植えつけ、すき間に水苔を詰めて、たっぷりと水を与える

モウセンゴケ
Drosera
モウセンゴケ科モウセンゴケ属

湿地に生育する多年生の植物です。葉に腺毛があって粘液を分泌し、小さな昆虫などを捕らえて栄養としています。世界中に多くの種類が分布し、自生地の環境によって性質はことなりますが、一般に日当たりを好み、一年を通じて日光に当てて育てます。夏の強い陽射しの時期には、風通しのよい半日陰に置くようにします。多湿を好み、水切れすると枯れてしまうので、水苔に植え、常に湿った状態に管理します。肥料は与えません。

シンゴニウム

Syngonium

●サトイモ科

細長いハート形で、美しい斑の入った葉

'フレンチマーブル'
Syngonium podophyllum
サトイモ科シンゴニウム属

明るい緑色の葉にやや黄色を帯びた斑が不規則に入ります。やや明るい日陰を好むため、レースのカーテン越しの日光が当たる窓辺、窓からやや離れ直射日光の当たらない明るい場所に置くとよいでしょう。

水やり

春から秋にかけての生育期には、鉢土の表面が乾いたらたっぷりと水やりをします。水切れを嫌うため、とくに夏の高温で乾燥する時期には毎日水やりをしましょう。冬は水やりを控え、やや乾かし気味に管理します。

肥料

4月中旬から9月中旬にかけて、2カ月に1回程度、緩効性の化成肥料を施します。

病害虫

初夏から秋にかけて、ハダニやカイガラムシの発生が見られます。とくに夏の気温が高い時期に乾燥するとハダニが発生しやすいので、発生を予防するために葉水が必要です。ハダニもカイガラムシも、発生が確認できたら早めに薬剤を散布して、被害の拡大を防ぎましょう。

繁殖

挿し木や株分けでふやすことができます。適期は4月下旬から9月上旬まで。

CALENDAR		
月	日当たり	水やり	施肥	繁殖	越冬温度

※カレンダー詳細：
- 1月：レースのカーテン越しの日光／やや乾かし気味／—／—／10℃以上
- 2月：同上
- 3月：同上
- 4月：同上／鉢土が乾いたらたっぷり／2カ月に1回／挿し木、株分け
- 5月：直射日光の当たらない室内
- 6月：同上
- 7月：同上
- 8月：同上
- 9月：同上
- 10月：レースのカーテン越しの日光／やや乾かし気味
- 11月：同上
- 12月：同上

シンゴニウム *Syngonium*

'ホワイト・バタフライ'
Syngonium podophyllum
サトイモ科シンゴニウム属

葉脈に沿って白〜淡い黄緑色の斑が入ります。春から夏の生育期には、鉢土が乾いたらたっぷりと水やりをします。冬は水やりを控えて乾かし気味に管理しますが、葉がしおれてくるようなら水不足なので、注意します。

飾り方のポイント

観葉植物として利用されるのはハート形をした若い葉です。カウンターや窓際など目の届きやすい場所に飾ります。

挿し木

1 伸びたつるを切り戻して姿を整えるとともに、切り取ったつるを挿し穂とする

2 挿し穂を2節ごとに切り分けて下葉を落とし、大きな葉は半分に切る

3 平鉢にバーミキュライトとパーライトを同量入れて挿し木用土とし、下1節が土に埋まるように挿して水を与える

4 2週間ほどで発根するので、5号程度の鉢に数本ずつ植え、水やりをする。ヘゴ柱に絡めたり、吊り鉢に植え込んだりする

ストレリチア
Strelitzia

● バショウ科

[別名] ゴクラクチョウカ（*S. reginae*）

美しい花をつけ、ゴクラクチョウカ（極楽鳥花）の別名もある

ニコライ（オーガスタ）
Strelitzia nicolai
バショウ科ストレリチア属

別名ルリゴクラクチョウカ。オーガスタは流通名です。写真の株はまだ小さいですが、ストレリチアの仲間のなかでは大きくなります。日光を好むため、レースのカーテン越しの日光があたる窓際などに置きます。

越冬温度 0℃以上

水やり
春から秋の生育期には、鉢土の表面が乾いたらたっぷりと水やりします。過湿にならないように注意します。冬の間は水やりを控え、やや乾燥気味に管理します。

肥料
5月から10月までの間、2カ月に1回程度、緩効性の化成肥料を施します。

病害虫
カイガラムシが発生することがあります。発生が見られたら適用のある薬剤を散布して防除します。数が少なければブラシでこすって落としましょう。とくに高温で乾燥する時期には注意が必要です。

繁殖
株分けでふやすことができます。適期は5月上旬から9月上旬。大株にならないと花が咲きにくいので、花を楽しむためには、花が咲くようになってから株分けするようにします。

CALENDAR				
月	日当たり	水やり	施肥	繁殖
1	ガラス越しの日光	やや乾かし気味		
2				
3				
4	直射日光	鉢土が乾いたらたっぷり	2カ月に1回	株分け
5				
6				
7				
8				
9				
10	ガラス越しの日光	やや乾かし気味		
11				
12				

ストレリチア *Strelitzia*

飾り方のポイント

意外と寒さには強く、一般家庭でも室内に置けば冬越しが可能です。存在感があるのでリビングや玄関など目につく場所に合います。

レギナエ
Strelitzia reginae
バショウ科ストレリチア属

ストレリチアの仲間でもっとも美しい花を咲かせる種です。色鮮やかな鳥が飛び立つような花の姿から、日本ではゴクラクチョウカとも呼ばれています。春から秋にかけての生育期には、鉢土の表面が乾いたらたっぷりと水やりをします。冬は水やりを控えめにします。

ユンケア
Strelitzia reginae var. *juncea*
バショウ科ストレリチア属

別名ノンリーフストレリチア。葉がほとんどなくなったタイプのストレリチアです。茎だけが立ち上がったような姿です。日光を好むため、一年中日光の当たる場所に置きます。越冬温度は3℃程度で、冬は室内に置きます。

株分け

1. 鉢の縁を叩いて株を鉢から抜く
2. へらや竹串などを使い、根をほぐすようにしながら古い土を落とす。根鉢の株3分の1ほど切り落とすと、土が落としやすくなる 
3. 長い根を切り、株を広げるようにして株の分かれ目を見つける 
4. 分かれ目にナイフを入れてふたつに切り分ける。小分けしてしまうと株が小さくなり、花がつきにくくなるので、大きめに分ける 
5. もとの鉢かひとまわり大きな鉢に、赤玉土5、日向土3、ピートモス2の用土で植えつけ、水を与える

スパティフィラム

Spathiphyllum

●サトイモ科

[別名] サワウチワ

明るい緑色の葉と白い花（苞）の取り合わせが美しい

'メリー'
Spathiphyllum
サトイモ科スパティフィルム属

スパティフィラムの代表品種といえるもので、株姿が清楚です。花つきがよいのが特徴です。夏場はレースのカーテン越しの日光が当たる場所に置きましょう。

水やり

春から秋の生育期には、鉢土の表面が乾いたらたっぷりと水やりをします。とくに夏の高温で乾燥する時期にはほぼ毎日与え、水切れしないように注意します。冬は水やりを控え、やや乾かし気味に管理します。

肥料

4月から10月の間、2カ月に1回程度、緩効性の化成肥料を施します。

病害虫

夏の高温乾燥期にハダニが発生します。風通しをよくし、水切れさせないように管理して発生を予防するとともに、発生が見られたら早めに薬剤を散布して防除します。

繁殖

根が詰まってくると小さな株ばかりふえて花が咲かなくなるので、2年に1回は株分けを行います。5月から6月ごろがもっとも適しています。充実した株を3～4つに分けて植えつけます。

CALENDAR

月	日当たり	水やり	施肥	繁殖	越冬温度
1	ガラス越しの日光	乾かし気味			10℃以上
2					
3					
4	レースのカーテン越しの日光	鉢土が乾いたらたっぷり	2カ月に1回	株分け	
5					
6					
7					
8					
9					
10					
11	ガラス越しの日光	乾かし気味			
12					

スパティフィラム | 98

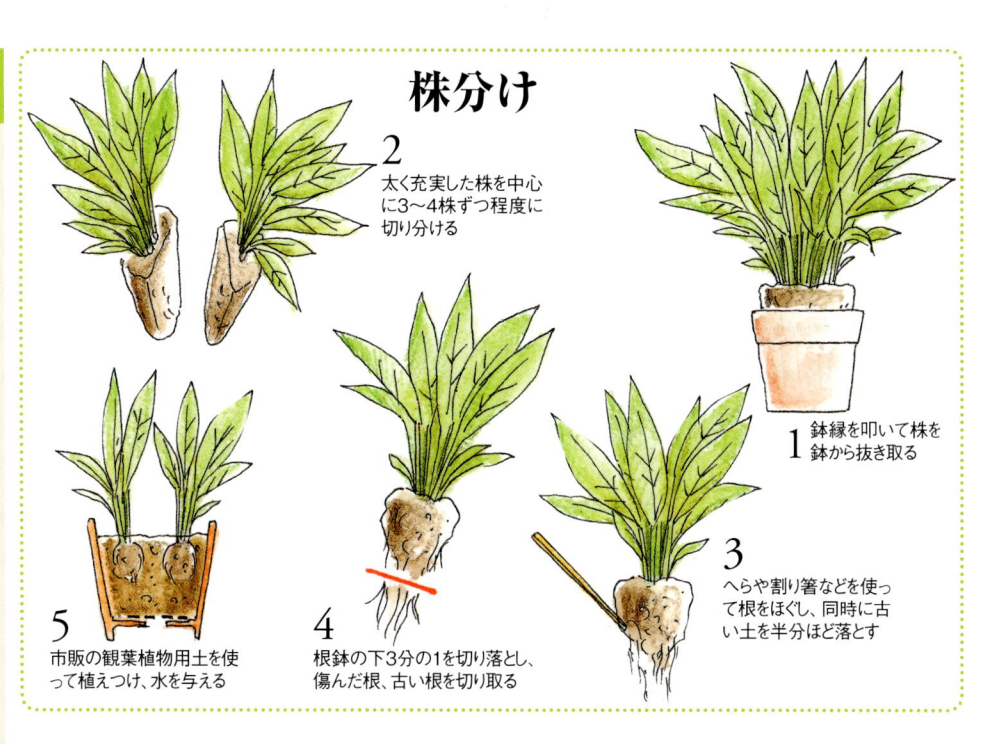

スパティフィラム
Spathiphyllum

株分け

1 鉢縁を叩いて株を鉢から抜き取る

2 太く充実した株を中心に3～4株ずつ程度に切り分ける

3 へらや割り箸などを使って根をほぐし、同時に古い土を半分ほど落とす

4 根鉢の下3分の1を切り落とし、傷んだ根、古い根を切り取る

5 市販の観葉植物用土を使って植えつけ、水を与える

斑入りスパティフィラム
Spathiphyllum
サトイモ科スパティフィルム属

葉に白い斑が入った品種。花のない時期にも見栄えがします。春から秋の生育期には、鉢土の表面が乾いたらたっぷりと水やりをします。夏は毎日水やりをしましょう。冬は水やりを控え乾燥気味に管理します。

飾り方のポイント

大きさによって大形種、中形種、小形種に分けられますが、代表的な'メリー'は中形種。室内に場所をとらず飾りたいなら、小形種の'ミニメリー'が向いています。

ツピタンサス

Schefflera pueckleri

● ウコギ科

[別名] インドヤツデ、アンブレラツリー

2メートル近くにもなる大型で丈夫な植物。斑入り葉も人気

ツピタンサス
Schefflera pueckleri
ウコギ科シェフレラ属（フカノキ属）

かつてはツピタンサス属に分類されていたため、現在もこの名前で流通しています。日当たりを好みますが、耐陰性があるので明るい日陰でも育ちます。夏場は直射日光が当たらないようにレースのカーテン越しの窓辺か戸外の半日陰に置きます。

水やり

水切れに注意して、春から秋には鉢土の表面が乾いたらたっぷりと水を与えるようにします。夏はほぼ毎日与えます。冬は少し回数を減らして乾かし気味に管理します。

肥料

5〜10月にかけて、緩効性肥料を2カ月に1回与えます。あまり大きくしたくないときは肥料の量を少なくします。

病害虫

湿度の高い場所では葉のつけ根や新芽にカイガラムシがつくことがあります。殺虫剤で駆除するほか、数が少ないようならブラシでこすり落とします。こまめなチェックを欠かさないようにしましょう。

繁殖

挿し木や取り木でふやすことができます。剪定した枝を挿し穂に利用します。適期は5月上旬〜9月上旬です。斑入りの品種は挿し木では発根しないので、取り木でふやします。

CALENDAR

越冬温度 5℃以上

月	日当たり	水やり	施肥	繁殖
1	ガラス越しの日光	乾かし気味		
2				
3				
4	レースのカーテン越しの日光	鉢土が乾いたらたっぷり	2カ月に1回	挿し木、取り木
5				
6				
7		鉢土が乾いたらほぼ毎日		
8				
9				
10		鉢土が乾いたらたっぷり		
11	ガラス越しの日光	乾かし気味		
12				

ツピタンサス
Schefflera puckleri

飾り方のポイント

和風・洋風どちらの部屋でも合います。窓から離れた場所に置けるので、重宝するインテリアグリーンのひとつです。

ツピタンサスの葉。傘を開いたように手のひら状に葉をつけます。葉は濃い緑色をしています。

大きく育った株。株が大きくなるにつれて葉も大きくなります。葉は光沢があり、大きくなると垂れ下がります。生長するとやや横向きに伸びます。

挿し木

1 節を2つ以上残して挿し穂を切る。長さは10〜15cmほど

2 葉の蒸散を防ぐため、葉の先2分の1ほどを切る

3 挿し木用土に挿し穂を挿す

4 2カ月ほどして根が出てきたら観葉植物専用土を入れた鉢に移植し、水やりをする

ディジゴセカ

Schefflera elegantissima

●ウコギ科

[別名] アラリア、モミジバアラリア

切れ込みの入った葉が特徴で、日陰にも強いシェフレラの仲間

ディジゴセカ
Schefflera elegantissima
ウコギ科シェフレラ属（フカノキ属）

別名のアラリアとして流通することもあります。半日陰でも育ちますが、もともと日射しを好むので日当たりのよい場所に置きます。春〜秋の生育期には水をたっぷりと与え、冬は水やりを控えます。

水やり
春から秋の生育期には、鉢土の表面が乾いたらたっぷりと与えます。とくに5月から10月にかけては、水切れしないように毎日たっぷりと水やりをしましょう。11月から3月にかけては、水やりは控えてやや乾かし気味に管理します。

肥料
冬は肥料を控えますが、それ以外の時期は緩効性肥料を2カ月に1回与えます。

病害虫
春先にアブラムシが発生することがあります。また、乾燥しすぎるとカイガラムシがつくことがあります。見つけたら殺虫剤を散布して防除します。

繁殖
5月から9月の生育期に挿し木でふやすことができます。株が大きくなりすぎると葉の形が悪くなるので、伸びすぎた枝を切り詰めて形を整えるとよいでしょう。

月	1	2	3	4	5	6	7	8	9	10	11	12
日当たり	ガラス越しの日光				レースのカーテン越しの日光						ガラス越しの日光	
水やり	やや乾かし気味				鉢土が乾いたらたっぷり						やや乾かし気味	
施肥					2カ月に1回							
繁殖					挿し木							
越冬温度	5℃以上											

ディジゴセカ
Schefflera elegantissima

挿し木

1. 節を3つ以上付けて、10cmほどに切った枝を挿し穂とする
2. 蒸散を抑えるために葉の先3分の2を切る
3. 水をたっぷり含ませた挿し木用土に挿す
4. 1カ月ほどして発根したら観葉植物専用土で鉢に移植し、水を与える

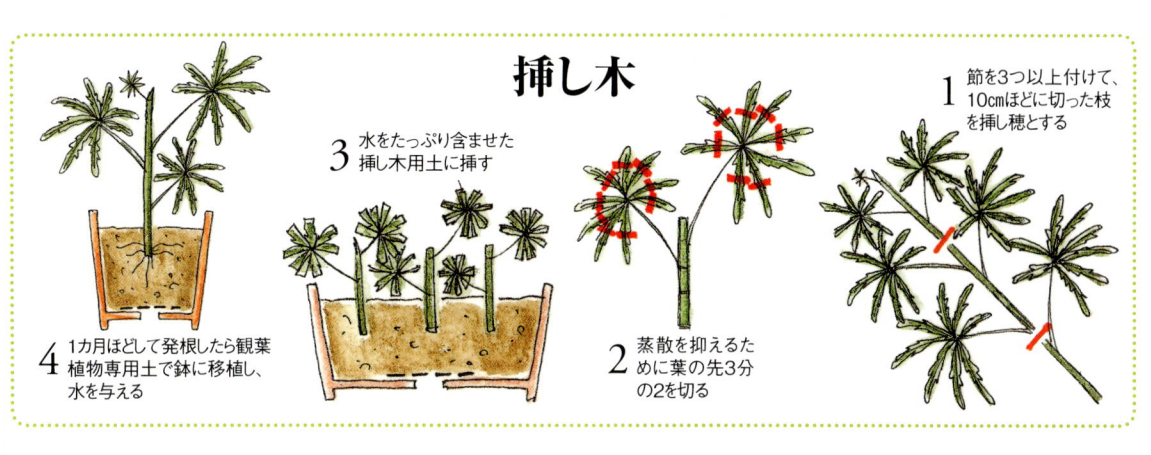

飾り方のポイント

ソファなどの洋風のインテリアと合わせればモダンな印象になります。日当たりのよい場所に置くとよいでしょう。

'キャスター・バリエガタ'
Schefflera elegantissima
ウコギ科ディジゴセカ属

葉は短くて丸みを帯び、縁に斑が入った園芸品種のひとつです。春から秋にかけての生育期にはたっぷりと水やりをします。真夏は直射日光を避け、明るい日陰に置きましょう。

ディジゴセカの葉は濃い緑色で細く、縁がギザギザしています。生長すると葉の幅が太くなります。

ディフェンバキア

Dieffenbachia

● サトイモ科
[別名] シロガスリソウ

葉にはさまざまなタイプがあり、大きさのバリエーションも豊富

'カミーラ'（カミュ）
Dieffenbachia

サトイモ科ディフェンバキア属
（シロガスリソウ属）

葉は縁と一部の主脈が緑色になり、ほかは白色になります。大きくならないので少ないスペースで育てることができます。明るい日陰を好むので室内の半日陰になるところに置きます。とくに日射しが強い時には置き場所に注意します。

水やり
春から秋の生育期には、鉢土の表面が乾いたらたっぷりと与えます。寒さに弱いため、冬は水やりを控えめにして、やや乾かし気味に管理し、葉水で湿度を保つようにしましょう。

肥料
春から秋にかけて、緩効性肥料を2カ月に1回与えます。

病害虫
高温乾燥状態になるとハダニが発生しやすくなります。また、風通しが悪くなるとカイガラムシが発生します。どちらも発生が見られたら早めに殺虫剤を散布して防除します。

繁殖
挿し木でふやしますが、株もとに子株が出る品種は株分けをすることもできます。適期は5月下旬～9月上旬です。切り口の白い汁液は口にするとひどくしびれます。手につくとかぶれることがあるので、手袋などを着用して作業をしましょう。

CALENDAR				
越冬温度	繁殖	施肥	水やり	日当たり	月
10℃以上			やや乾かし気味		1
					2
					3
	挿し木、株分け	2カ月に1回	鉢土が乾いたらたっぷり	室内の明るい日陰	4
					5
					6
					7
					8
					9
					10
			やや乾かし気味		11
					12

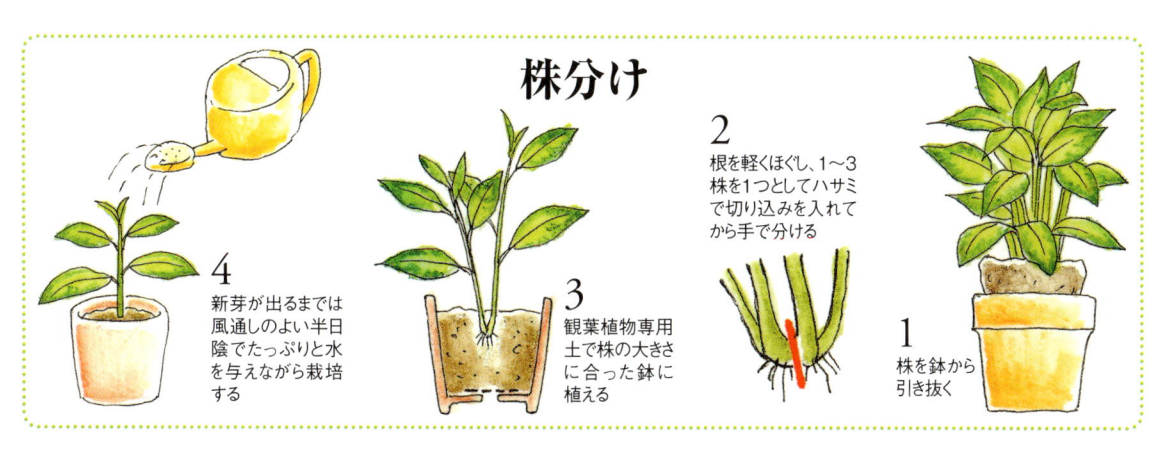

ディフェンバキア *Dieffenbachia*

グリーンマジック
Dieffenbachia
サトイモ科ディフェンバキア属（シロガスリソウ属）

葉は主脈が白く、ほかは濃いグリーンになります。春から秋にかけての生育期には、たっぷりと水やりをします。冬は乾燥気味に管理し、葉水を与えて湿度を保つようにします。

飾り方のポイント

半日陰で育つので緑が少ない場所にも飾れます。'カミーラ'はコンパクトに育つのでキッチンなどの目隠しに。

株分け

1 株を鉢から引き抜く

2 根を軽くほぐし、1〜3株を1つとしてハサミで切り込みを入れてから手で分ける

3 観葉植物専用土で株の大きさに合った鉢に植える

4 新芽が出るまでは風通しのよい半日陰でたっぷりと水を与えながら栽培する

デュランタ

Duranta

● クマツヅラ科

[別名] ハリマツリ

丈夫な性質で、長期間咲く美しい花も観賞価値が高い

'バイオレット'
Duranta erecta
クマツヅラ科デュランタ属
（ハリマツリ属）

淡い紫色の花が美しい品種。枝がよく伸びるので春先に半分くらいの長さに切り詰めます。半日陰でも育ちますが、日光を好みます。直射日光の当たる窓際に飾りましょう。夏は外に出してたっぷりと日光を当てます。

水やり

春から秋の生育期には、鉢土の表面が乾いたらたっぷりと与えます。とくに7月から9月中旬にかけては、水切れしないように毎日たっぷりと水やりをしましょう。冬は葉水で湿度を保ち、水やりはやや控えて乾かし気味に管理します。

肥料

4月～9月の間に緩効性肥料を2カ月に1回施します。

病害虫

高温乾燥期には、ハダニが発生することがあります。葉の裏にも葉水をしておくと発生を防ぐことができます。アブラムシやオンシツコナジラミもつきやすいので、発生したら薬剤で防除するとよいでしょう。

繁殖

春から秋に挿し木、または実生でふやすことができます。実生でふやす場合は、よく熟した果実を採取し、水で洗ったあと、そのまま用土にまきます。

CALENDAR

越冬温度 3℃以上

月	日当たり	水やり	施肥	繁殖
1	ガラス越しの日光	やや乾かし気味		
2	ガラス越しの日光	やや乾かし気味		
3		鉢土が乾いたらたっぷり		
4		鉢土が乾いたらたっぷり	2カ月に1回	挿し木、実生
5	直射日光		2カ月に1回	挿し木、実生
6	直射日光	毎日たっぷり	2カ月に1回	挿し木、実生
7	直射日光	毎日たっぷり	2カ月に1回	挿し木、実生
8	直射日光	毎日たっぷり	2カ月に1回	挿し木、実生
9	直射日光	毎日たっぷり	2カ月に1回	挿し木、実生
10		鉢土が乾いたらたっぷり		
11	ガラス越しの日光	やや乾かし気味		
12	ガラス越しの日光	やや乾かし気味		

デュランタ *Duranta*

'浜娘'
Duranta erecta
クマツヅラ科デュランタ属
（ハリマツリ属）

葉は光沢があってライム色です。耐寒性もあるので暖地では露地で越冬することも可能です。日射しを好みますが、強い日射しに当たると葉の色が濃くなってしまいます。夏場は直射日光の当たらない半日陰に置きましょう。

'バリエガタ'
Duranta erecta
クマツヅラ科デュランタ属
（ハリマツリ属）

葉に白い斑の入った品種です。春から秋には、鉢土の表面が乾いたらたっぷりと与えます。夏は水切れしないように注意が必要です。冬は水やりを控え、乾かし気味に管理します。強い日射しに当たると葉の色があせてしまうので、半日陰に置きます。

飾り方のポイント
強い光を好むので窓辺などに置きます。枝が長く伸びるので鉢は高さのあるものなどにしてバランスを取ります。

挿し木

1 枝を約5〜7cmの長さに切り、挿し穂とする

2 挿し穂の下葉を切り取り、残った葉は蒸散を防ぐために2分の1を切り落とす

3 挿し木用土に挿し穂を挿し、水を与える

4 1カ月ほどして発根したら観葉植物専用土で鉢に移植して水を与える

107 デュランタ

トックリラン

Beaucarnea recurvata

● リュウケツジュ科　[別名] ノリナ、ポニーテール

「とっくり」のような形になる株もとの幹が特徴

トックリラン
Beaucarnea recurvata
リュウケツジュ科
トックリラン属
（ベアウカルネア属）

かつてはノリナ属に分類されていたため、現在もノリナで流通しています。ふくらんだ幹と長く垂れ下がった葉はよく目立ちます。日射しを好むのでガラス越しの日光の当たる場所に置きます。夏は戸外に置いてもよいでしょう。

水やり

乾燥に強いので春から秋にかけては、鉢土の表面が乾いたら与えます。高温期には葉水を与え、低温期にはやや乾燥気味に管理するとよいでしょう。株が鉢いっぱいに生長したら土に水が届きにくいので、鉢の縁に水を与えるように注意します。

肥料

5～10月に緩効性肥料を2カ月に1回施します。

病害虫

過湿になるとカイガラムシが発生しやすくなります。見つけ次第殺虫剤で駆除するほか、数が少ないようならブラシでこすり落とします。

繁殖

挿し木でふやすことができます。また、春には実生でふやすこともできます。その場合は低温に当たらないように管理し、半月ほどで発芽します。植え替えは春から秋が適期です。

CALENDAR

月	日当たり	水やり	施肥	繁殖	越冬温度
1	ガラス越しの日光	やや乾かし気味			5℃以上
2					
3					
4	直射日光	鉢土が乾いたらたっぷり	2カ月に1回	実生	
5					
6				挿し木	
7					
8					
9					
10	ガラス越しの日光	やや乾かし気味			
11					
12					

トックリラン | 108

トックリラン *Beaucarnea recurvata*

摘芯

1. 葉が茂りすぎてきたら芽を3つほど残して摘芯する
2. 葉の根元をハサミで切るか、手で折って取り除く
3. 摘芯後は日当たりのよい場所で管理する

暖かい地方では戸外でも育ちます。生長すると株もとが太り、名前の通り「とっくり」のような形になります。

トックリランの葉はまっすぐに伸びて、長くなると垂れ下がります。いくつかの芽からまとまって葉を出しますが、茂りすぎた場合は芽を取り除きます。

飾り方のポイント

窓辺など日光のよく当たる場所に置きます。小さいものはテーブルなどのアクセントにぴったりです。

109 トックリラン

ドラセナ

Dracaena

● リュウケツジュ科

[別名] ドラカエナ、リュウケツジュ

「幸福の木」の名でも親しまれ、葉の色もバリエーション豊富

ドラセナ・コンシンネ
Dracaena marginata
(*Dracaena concinna*)

リュウケツジュ科ドラセナ属
（リュウケツジュ属）

コンシンネ、コンシネ、コンシンナとしても流通します。多くの園芸品種があり、葉の幅や色などさまざまです。枝を曲げて仕立てたものは人気があります。日当たりを好みますが、夏は葉が傷むので直射日光の当たらないところに置きます。

水やり

春から秋は鉢土の表面が乾いたらたっぷりと水を与えるようにします。とくに夏は水切れに注意して毎日たっぷりと水やりをし、葉水もこまめに与えます。低温期は根腐れを防ぐために水やりは控えてやや乾かし気味に管理します。

肥料

春から秋の間、緩効性の化成肥料を2カ月に1回程度施します。

病害虫

高温乾燥期には、ハダニが発生することがあります。葉水を与えて発生を予防します。また、過湿だとカイガラムシが発生しやすくなります。ハダニ、カイガラムシは日頃から葉の裏や根元をこまめにチェックし、発生したら早めに殺虫剤で駆除しましょう。

繁殖

挿し木、取り木、株分けでふやすことができます。適期は5月下旬～9月上旬です。

CALENDAR

越冬温度	繁殖	施肥	水やり	日当たり	月
10℃以上			やや乾かし気味	ガラス越しの日光	1
					2
					3
				レースのカーテン越しの日光	4
	挿し木、取り木、株分け	2カ月に1回	鉢土が乾いたらたっぷり		5
					6
					7
					8
					9
					10
			やや乾かし気味	ガラス越しの日光	11
					12

ドラセナ 110

ドラセナ Dracaena

'マッサンゲアーナ'（幸福の木）
Dracaena fragrans
リュウケツジュ科ドラセナ属（リュウケツジュ属）

「幸福の木」としてよく知られています。葉の中央に入った幅の広い黄色のラインが目立ちます。日当たりを好むのでガラス越しの日光が当たる場所に置きます。夏は葉が傷むので直射日光が当たらないようにします。

飾り方のポイント

シンボルツリーとしてリビングに似合います。ドラセナ・コンシンネは特徴のある幹を生かすために鉢もシャープなものを選びます。

植え替え

1. 鉢から抜き取り、竹串や割りばしなどを使って古い土を落とす
2. 古い根、傷んだ根を切る
3. 葉が茂りすぎている場合はある程度、葉を落とす
4. 根鉢よりもひと回り大きな鉢に観葉植物専用土で植えつけ、水を与える

'レモンライム'
Dracaena fragrans
リュウケツジュ科ドラセナ属（リュウケツジュ属）

葉は光沢があり、鮮やかなレモン色の斑が入ります。春から秋は鉢土の表面が乾いたらたっぷりと水を与えます。夏は水切れに注意して毎日たっぷりと水やりをし、葉水もこまめに与えます。冬は乾かし気味に管理します。

トラディスカンチア

Tradescantia

● ツユクサ科

[別名] ゼブリナ、シマフムラサキツユクサ

つる性のものは吊り鉢仕立てで楽しめる

ゼブリナ
Tradescantia zebrina

ツユクサ科トラディスカンチア属
（ムラサキツユクサ属）

かつてはゼブリナ属に分類されていたため、現在もこの名前で流通しています。レースのカーテン越しの日射しを好みます。耐陰性もありますが、葉が薄くなるので明るい日陰に置きましょう。

水やり

乾燥に強い性質を持っています。春から秋の生育期には、鉢土の表面が乾いたらたっぷりと水を与えます。とくに夏の高温乾燥時期には水切れに注意して毎日たっぷりと水やりをし、葉水もこまめに与えます。冬はやや乾かし気味に管理します。水をやりすぎると葉の白軟毛の美しさが出ないことがあるので注意しましょう。

肥料

春から秋の間、緩効性の化成肥料を2カ月に1回程度施します。

病害虫

春先にアブラムシが発生することがあります。また、乾燥しすぎるとカイガラムシがつくことがあります。見つけたら適用のある殺虫剤を散布して防除します。

繁殖

生育旺盛なため、挿し木や株分けで容易にふやすことができます。適期は4月下旬～9月下旬です。

CALENDAR												
月	1	2	3	4	5	6	7	8	9	10	11	12
日当たり	ガラス越しの日光				レースのカーテン越しの日光						ガラス越しの日光	
水やり	やや乾かし気味				鉢土が乾いたらたっぷり						やや乾かし気味	
施肥				2カ月に1回								
繁殖				挿し木、株分け								

越冬温度 10℃以上

トラディスカンチア *Tradescantia*

飾り方のポイント

レースのカーテン越しの光が当たる窓際を好みます。トラディスカンチアは吊り鉢のほか、高さのある鉢に植えてテーブルに置いても楽しめます。

ゼブリナの葉は白い斑がシマウマ（ゼブラ）のように入る意味からゼブリナと名づけられました。葉の表面には毛が生えていて光を反射させて美しく輝きます。

ゼブリナの葉の裏。鮮やかな赤紫色をしているので鉢から枝垂れたときに大変目立ちます。

トラディスカンチア・シラモンタナ
Tradescantia sillamontana
ツユクサ科ムラサキツユクサ属

株はやや直立し、葉は多肉で全体がやわらかい白い毛に覆われ、ホワイトベルベットの英名を持ちます。水はやや控えめにして管理します。

挿し木

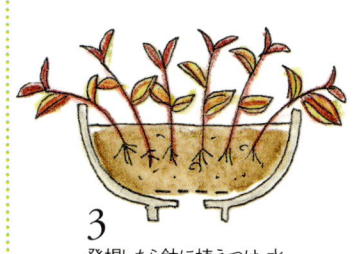

3 発根したら鉢に植えつけ、水やりをする。培養土は観葉植物専用土を使うとよい

2 パーライト、バーミキュライトを同量入れた平鉢に挿し穂を挿し、水を与える

1 株の調整も兼ねて下葉が落ちた茎を約10cmに切り分ける

ネムノキ

Pithecellobium, Albizia

[別名] エバフレッシュ、アカサヤネムノキ（どちらも *P. confertum*）

● マメ科

夕方には閉じるすっきりとした細身の葉が人気

エバーフレッシュ
Pithecellobium confertum
マメ科キンキジュ属

名前は流通名です。エバフレッシュとしても流通しています。ネムノキの仲間で葉が羽状になります。日当たりを好むので窓際の直射日光の当たる場所に置きます。大きく育つので生長を抑えたい場合は枝先や根を3分の1ほど切り詰めます。

水やり
多湿を好みます。昼に葉が閉じている場合は水不足が考えられるので、葉水を与えましょう。春から秋にかけては、鉢土が少し乾いたらたっぷり与えます。冬は鉢土の表面が完全に乾いてから与えます。

肥料
春に緩効性肥料を与えます。また、真冬以外は2週間に1回薄い液肥を与えます。

病害虫
高温乾燥期には、ハダニが発生することがあります。葉水を与えて発生を予防します。また、過湿だとカイガラムシが発生しやすくなります。ハダニ、カイガラムシは日頃から葉の裏や根元、新芽をこまめに観察し、発生したら早めに適用のある殺虫剤で駆除しましょう。

繁殖
挿し木、実生でふやします。5～8月の間に行います。剪定や植え替えもこの時期に行います。

CALENDAR

月	日当たり	水やり	施肥	繁殖
1	ガラス越しの日光	鉢土が乾いたらたっぷり		
2				
3			2週間に1回	
4		鉢土がやや乾いたらたっぷり		挿し木、実生
5	直射日光			
6				
7				
8				
9				
10	ガラス越しの日光	鉢土が乾いたらたっぷり		
11				
12				

越冬温度 5℃以上

ネムノキ
Pithecellobium , Albizia

植え替え

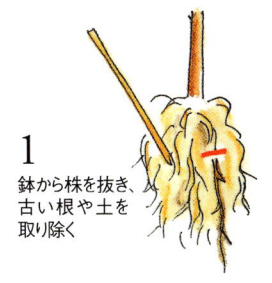

1 鉢から株を抜き、古い根や土を取り除く

2 植え替える鉢にごろ土を敷き、少し観葉植物専用土を入れた上に株を置く

3 根鉢の周囲に用土を入れ、水を与える。このとき、隙間なく入れるように注意する

4 枯れた枝などを切り落とす

5 半日陰で管理し、新芽が伸びたら日なたへ移動する

ネムノキ
Albizia julibrissin
マメ科ネムノキ属

夕方になると葉を閉じて、日が出ると葉を開きます。糸のような紅色の美しい花をつけます。多湿を好むので、春から秋にかけては、鉢土が少し乾いたらたっぷりと水やりをします。冬は鉢土の表面が完全に乾いたら水を与えます。

飾り方のポイント

ネムノキは朝に葉を開き、夜には閉じるのでリビングなどのシンボルツリーとして、目につきやすい場所で楽しみましょう。

エバーフレッシュの葉。小さい葉が羽状について涼やかな印象の葉姿になります。夜には葉を閉じます。

ハートカズラ

Ceropegia linearis spp. *woodii*

● ガガイモ科
[別名] ラブ・チェーン、ケロペギア

ハート型の多肉質の葉が風に揺れる人気の植物

ハートカズラ
Ceropegia linearis spp. *woodii*
ガガイモ科ケロペギア属

茎はつる状に伸びるので、高いところから垂らすように飾ります。日当たりを好むのでガラス越しの日光が当たる場所に置きます。夏の強い日射しには弱いのでレースのカーテン越しの日光を当てます。

水やり

多肉質の葉に水分を多くため込むので、乾燥には強い性質です。水のやりすぎによる根腐れに注意しましょう。4〜10月は鉢土の表面が乾いたら与え、冬はやや乾かし気味に管理します。

肥料

多肥を嫌うので肥料のやりすぎに注意します。春から秋に緩効性肥料を2カ月に1回施します。

病害虫

春先にアブラムシが発生することがあります。カイガラムシもつきやすいので、見つけ次第殺虫剤で駆除します。

繁殖

挿し木や株分けでふやします。切り戻した茎を挿し木に利用できます。むかご(茎が肥大したもの)でふやすこととも可能です。その場合は茎を3節ほどつけた状態で切り、移植すると新芽が伸びてきます。

CALENDAR

越冬温度 5℃以上

月	1	2	3	4	5	6	7	8	9	10	11	12
日当たり	ガラス越しの日光				レースのカーテン越しの日光					ガラス越しの日光		
水やり	やや乾かし気味				鉢土が乾いたらたっぷり						やや乾かし気味	
施肥				2カ月に1回								
繁殖				挿し木、株分け								

ハートカズラ
Ceropegia linearis spp. *woodii*

挿し木

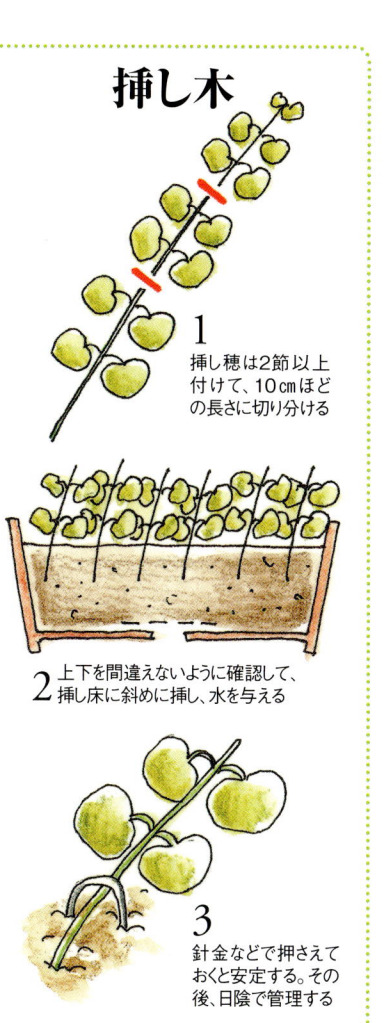

1 挿し穂は2節以上付けて、10cmほどの長さに切り分ける

2 上下を間違えないように確認して、挿し床に斜めに挿し、水を与える

3 針金などで押さえておくと安定する。その後、日陰で管理する

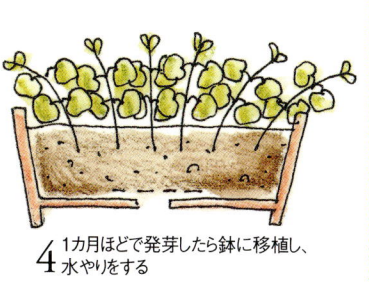

4 1カ月ほどで発芽したら鉢に移植し、水やりをする

飾り方のポイント

かわいらしいハート形の葉が印象的です。吊り鉢、または高さのある鉢で棚などに飾り、下に垂れる葉をきれいに見せましょう。

葉はかわいらしい小さなハートの形で白い斑が入るものが多いです。葉の裏は赤紫色です。

'レディーハート'
Ceropegia linearis ssp. *woodii*
ガガイモ科ケロペギア属

葉はやや肉質で長さ1.5〜2cmのハート型。葉身に黄白色〜ピンク色の覆輪が入る、ハートカズラの園芸品種です。過湿を嫌うため、水やりを控えめにして乾燥気味に管理します。

ハイビスカス

Hibiscus

● アオイ科

[別名] ヒビスクス

南国の花木としておなじみの常緑植物。花壇でも楽しめる

'サマーレッド'
Hibiscus
アオイ科フヨウ属

鮮やかな赤い花をつける園芸品種のひとつです。花が散っても濃い緑色の葉を観賞できます。強い日射しを好むので日当たりのよい場所に置きます。とくに夏は直射日光が当たるようにします。

水やり

春から秋にかけては、鉢土の表面が乾いたらたっぷりと与えます。とくに夏の暑い時期には水切れしないように毎日たっぷりと水やりをしましょう。冬は水やりを控えめにしてやや乾燥気味に管理しますが、水切れには注意します。

肥料

5～10月の間は緩効性肥料を2カ月に1回施します。

病害虫

アブラムシやハダニ、オンシツコナジラミが発生することがあります。こまめに観察して害虫を見つけたら薬剤を散布して早めに駆除しましょう。

繁殖

挿し木でふやすことができます。適期は4月中旬～9月中旬です。挿し木をする場合は、2～3節をつけた枝を挿し穂とします。下葉を切り、残りの葉を2分の1に切って挿し床に挿し、乾燥させないように管理すれば半月ほどで発根します。

CALENDAR

越冬温度 5℃以上

月	日当たり	水やり	施肥	繁殖
1	ガラス越しの日光	やや乾かし気味		
2	ガラス越しの日光	やや乾かし気味		
3	ガラス越しの日光	鉢土が乾いたらたっぷり		
4	ガラス越しの日光	鉢土が乾いたらたっぷり		
5	レースのカーテン越しの日光	鉢土が乾いたらたっぷり	2カ月に1回	挿し木
6	レースのカーテン越しの日光	毎日たっぷり	2カ月に1回	挿し木
7	レースのカーテン越しの日光	毎日たっぷり	2カ月に1回	挿し木
8	レースのカーテン越しの日光	毎日たっぷり	2カ月に1回	挿し木
9	レースのカーテン越しの日光	鉢土が乾いたらたっぷり	2カ月に1回	挿し木
10	ガラス越しの日光	鉢土が乾いたらたっぷり		
11	ガラス越しの日光	やや乾かし気味		
12	ガラス越しの日光	やや乾かし気味		

ハイビスカス
Hibiscus

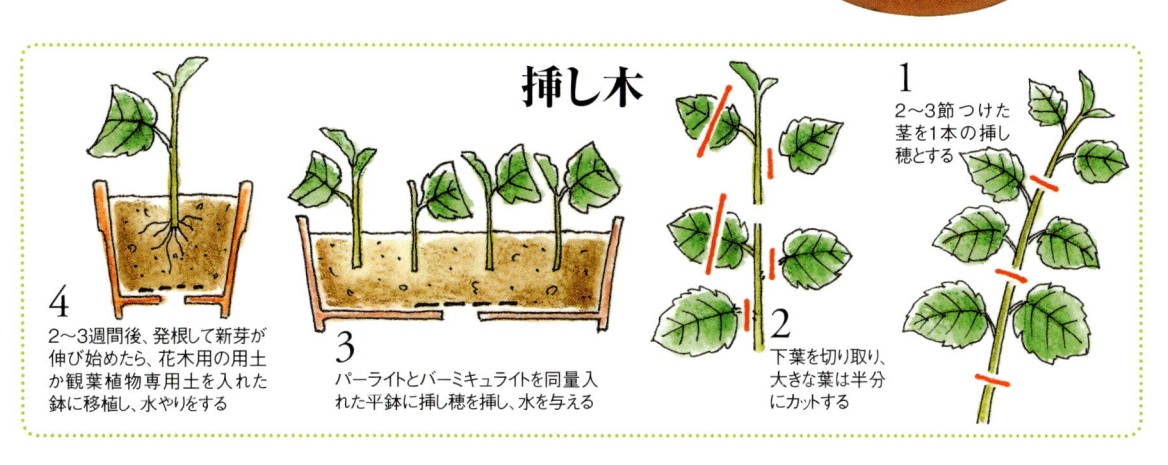

'サマーレッド'の花。鮮やかな赤い色の花弁が波打つように広がります。

飾り方のポイント

濃い葉色と鮮やかな花が魅力で、強い日射しを好みます。窓際のラックやチェアに置いて目につきやすい高さに飾ります。

'リオ'
Hibiscus
アオイ科フヨウ属

ピンク色の花をつける園芸品種のひとつです。春から秋にかけては鉢土の表面が乾いたら、たっぷりと水やりをします。冬は水やりを控えめにして乾燥気味に管理しますが、水切れには注意します。

挿し木

1　2〜3節つけた茎を1本の挿し穂とする

2　下葉を切り取り、大きな葉は半分にカットする

3　パーライトとバーミキュライトを同量入れた平鉢に挿し穂を挿し、水を与える

4　2〜3週間後、発根して新芽が伸び始めたら、花木用の用土か観葉植物専用土を入れた鉢に移植し、水やりをする

パキラ
Pachira glabra

● パンヤ科
[別名] カイエンナッツ

いろいろな仕立て方が楽しめ、ユニークな形の植物

パキラ
Pachira glabra
パンヤ科パキラ属

幹がまっすぐに伸びて先端から葉を伸ばすユニークな姿をしています。耐陰性もありますが、強い日射しを好むので日当たりのよい場所に置きましょう。とくに夏場は直射日光が当たるようにします。

水やり
湿潤を好むので、春から秋は鉢土の表面が乾いたらたっぷりと水を与えます。冬は水やりをやや控えめにして越冬させます。水が不足すると葉が落ちてしまうことがあるので注意しましょう。

肥料
5～10月の間は2カ月に1回、緩効性肥料を与えます。あまり大きくしたくないときは、肥料を控えめにします。

病害虫
ハダニやカイガラムシ、アブラムシが発生することがあります。殺虫剤で早めに駆除します。

繁殖
挿し木、取り木、実生でふやすことができます。適期は5月中旬～9月中旬です。挿し木をする場合は、剪定した枝を10cmほど切り挿し穂とします。水切れに注意して、風通しのよい半日陰で管理しましょう。

CALENDAR

越冬温度 5℃以上

月	日当たり	水やり	施肥	繁殖
1	ガラス越しの日光	やや乾かし気味		
2	ガラス越しの日光	やや乾かし気味		
3	ガラス越しの日光	やや乾かし気味		
4				
5	直射日光	鉢土が乾いたらたっぷり	2カ月に1回	挿し木、取り木、実生
6	直射日光	鉢土が乾いたらたっぷり	2カ月に1回	挿し木、取り木、実生
7	直射日光	鉢土が乾いたらたっぷり	2カ月に1回	挿し木、取り木、実生
8	直射日光	鉢土が乾いたらたっぷり	2カ月に1回	挿し木、取り木、実生
9	直射日光	鉢土が乾いたらたっぷり	2カ月に1回	挿し木、取り木、実生
10				
11	ガラス越しの日光	やや乾かし気味		
12	ガラス越しの日光	やや乾かし気味		

パキラ
Pachira glabra

飾り方のポイント

日の光を好むので窓際に飾るとよいでしょう。すらりと伸びた幹が部屋をすっきりとした印象に見せます。

'バリエガタ'
Pachira glabra

パンヤ科パキラ属

パキラといってふつう育てられるのがパキラ・グラブラ。その斑入り品種です。春から秋にかけては鉢土の表面が乾いたらたっぷりと水やりをします。

パキラの葉は緑色で光沢があり、手のひらのように広がります。新しい葉は淡い緑色をしています。

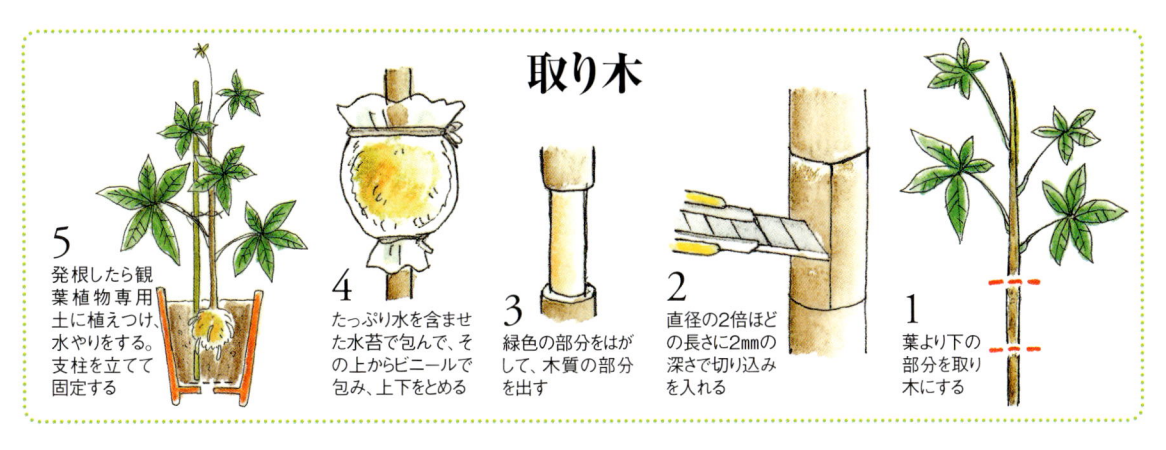

取り木

5 発根したら観葉植物専用土に植えつけ、水やりをする。支柱を立てて固定する

4 たっぷり水を含ませた水苔で包んで、その上からビニールで包み、上下をとめる

3 緑色の部分をはがして、木質の部分を出す

2 直径の2倍ほどの長さに2mmの深さで切り込みを入れる

1 葉より下の部分を取り木にする

バナナ

Musa

●バショウ科

大形でエキゾチックな葉が魅力的な観葉植物

バナナ
Musa
バショウ科バショウ属

まっすぐ伸びた幹に大きな葉を広げます。強い日射しを好むので日当たりのよい場所に置きます。冬は室内に入れてガラス越しの日光が当たるようにします。

水やり
多湿を好みます。晩秋から初春にかけての休眠期はやや乾かし気味にしますが、春から秋にかけては鉢土が乾いたらたっぷりと与えます。とくに夏の間は毎日たっぷりと水やりをします。水不足は株の生長を大きく妨げます。

肥料
4月から8月にかけて、2カ月に1回、緩効性の化成肥料を施します。また1～2週間に1回、薄い液肥を与えます。肥料が不足すると葉が黄色くなってしまいます。

病害虫
ハダニやカイガラムシが葉の裏側に発生します。発生したら水を勢いよくかけて洗い流すか、早めに薬剤で駆除します。

繁殖
株分けでふやします。出てきた子株を親株から切り離して植えつけます。適期は5月下旬から7月上旬です。

CALENDAR

越冬温度	繁殖	施肥	水やり	日当たり	月
5℃以上			やや乾かし気味	ガラス越しの日光	1
					2
					3
			鉢土が乾いたらたっぷり		4
	株分け	2カ月に1回	毎日たっぷり	直射日光	5
					6
					7
					8
		鉢土が乾いたらたっぷり			9
				ガラス越しの日光	10
			やや乾かし気味		11
					12

バナナ
Musa

株分け

2 鉢から抜き取り、竹串や割り箸などを使って根を傷めないように古い土をできるだけきれいに落とす

1 葉が充実した子株を選ぶ

3 ハサミなどで子株を切り分ける

4 観葉植物専用土に植えつけ、水やりをする

飾り方のポイント

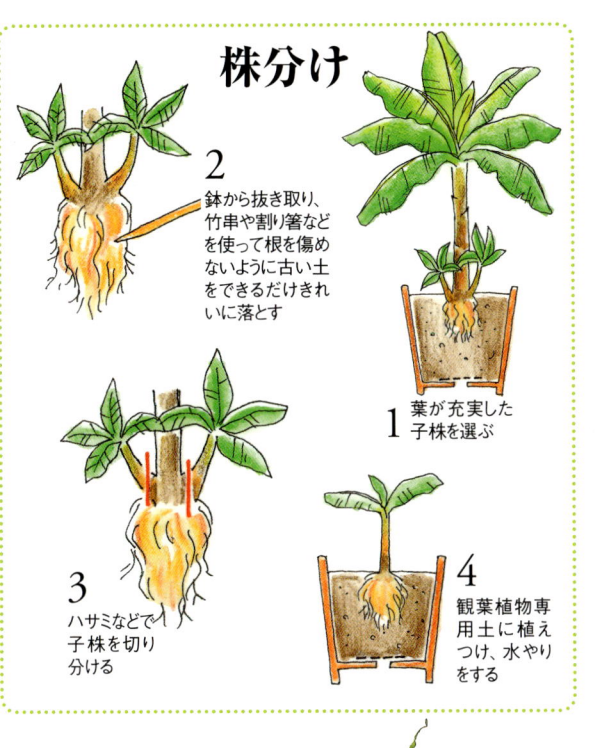

大きな葉がリゾート気分を演出します。日射しを好むのでリビングの窓際に置いてシンボルツリーとして飾ります。

赤斑バナナ
Musa
バショウ科バショウ属

葉は暗い緑色で赤い斑が入るバナナです。迷彩バナナ、赤斑バナナとして流通しています。春から秋にかけては鉢土が乾いたらたっぷりと水を与えます。とくに夏の間は毎日たっぷりと水やりをします。休眠期はやや乾かし気味にしますが、水不足は株の生長を大きく妨げます。

ヒポエステス

Hypoestes phyllostachya

● キツネノマゴ科　[別名] ソバカスソウ

斑入りの美しい葉が観葉植物として扱われる

ヒポエステス
Hypoestes phyllostachya
キツネノマゴ科ヒポエステス属

葉に赤色の小さい斑点が入った園芸品種です。赤色以外にもさまざまな斑入り品種があります。強い日射しを好みます。室内で楽しむ場合は日当たりのよい場所に置きます。夏は戸外の半日陰に出してもよいでしょう。

水やり

春から秋の生育期には、鉢土の表面が乾いたらたっぷりと水やりをします。とくに夏の高温で乾燥する時期には毎日水やりをします。冬は水やりを控えめにして乾燥気味に管理しますが、水切れには注意します。

肥料

5月から10月までの間、2カ月に1回程度、緩効性の化成肥料を施します。

病害虫

夏の高温で乾燥する時期に、ハダニの発生が見られます。こまめにチェックして、発生初期に適用のある薬剤を散布して防除します。

繁殖

挿し木や株分けでふやすことができます。適期は4月下旬から9月中旬。長く伸びた茎を切り戻し、挿し穂に利用します。

CALENDAR

越冬温度 5℃以上

月	日当たり	水やり	施肥	繁殖
1	ガラス越しの日光	やや乾かし気味		
2	ガラス越しの日光	やや乾かし気味		
3	ガラス越しの日光	鉢土が乾いたらたっぷり		
4	ガラス越しの日光	鉢土が乾いたらたっぷり		挿し木・株分け
5	レースのカーテン越しの日光	毎日	2カ月に1回	挿し木・株分け
6	レースのカーテン越しの日光	毎日	2カ月に1回	挿し木・株分け
7	レースのカーテン越しの日光	毎日	2カ月に1回	挿し木・株分け
8	レースのカーテン越しの日光	毎日	2カ月に1回	挿し木・株分け
9	レースのカーテン越しの日光	毎日	2カ月に1回	挿し木・株分け
10	ガラス越しの日光	鉢土が乾いたらたっぷり		
11	ガラス越しの日光	やや乾かし気味		
12	ガラス越しの日光	やや乾かし気味		

ヒポエステス
Hypoestes phyllostachya

園芸品種をいくつか寄せ植えしたもの。葉の色、斑の入り方、色など多くの種類があります。

挿し木

1. 切り戻して切り取った茎を、2節ずつに切り分け、挿し穂とする 
2. 挿し穂は下葉を取り去り、残した葉は半分に切るか、そのままにする 
3. 平鉢などにバーミキュライトとパーライトを同量混ぜた土を入れ、挿し穂を挿し、水を与える 
4. 1〜2週間ほどで発根したら、赤玉土5、ピートモス3、軽石2の用土を使って鉢上げをし、水やりをする。5号鉢なら3〜5本が適当

飾り方のポイント

強い日光を好むため、地植えにしたり戸外で管理しますが、耐陰性もあるため、窓際など日光の当たる場所なら室内でも育てられます。

ヒポエステス
Hypoestes phyllostachya
キツネノマゴ科ヒポエステス属

葉にピンク色の斑が入ったヒポエステスです。春から秋の生育期には、鉢土の表面が乾いたらたっぷりと水やりをします。とくに夏は毎日水やりをします。冬は水やりを控えめにして乾燥気味に管理しますが、水切れには注意します。

ピレア

Pilea

● イラクサ科

[別名] アルミニウムプランツ、アサバソウ

アルミニウムプランツの別名を持つ、銀色の葉が魅力

'コンパクタ'
Pilea cadierei
イラクサ科ピレア属（ミズ属）

緑色の葉は光沢があり、銀色の美しい斑が入ります。夏の日射しの強い時期には、レースのカーテン越しの光が当たる明るい日陰に置きます。日射しの弱い冬には日当たりのよい場所で管理します。

水やり
多湿を好むので夏の乾燥には注意します。春から秋にかけては鉢土の表面が乾いたらたっぷり与えます。夏は水切れに注意しながら、毎日たっぷりと水やりをします。秋以降は徐々に量を減らし、冬は乾かし気味に管理します。

肥料
5～10月の間は緩効性肥料を2カ月に1回施します。さらに、同じ期間に薄めの液肥を1カ月に1回与えます。

病害虫
カイガラムシが発生することがあります。風通しのよい場所で管理すると発生を防ぐことができます。発生した場合は薬剤で早めに駆除します。

繁殖
挿し木や株分けでふやすことができます。5～9月が適期です。生育旺盛なので、すぐに充実した鉢を作ることができます。

CALENDAR

越冬温度 10℃以上

月	日当たり	水やり	施肥	繁殖
1	ガラス越しの日光	やや乾かし気味		
2	ガラス越しの日光	やや乾かし気味		
3	鉢土が乾いたらたっぷり			
4	鉢土が乾いたらたっぷり			
5	レースのカーテン越しの日光	毎日たっぷり	2カ月に1回	挿し木・株分け
6	レースのカーテン越しの日光	毎日たっぷり	2カ月に1回	挿し木・株分け
7	レースのカーテン越しの日光	毎日たっぷり	2カ月に1回	挿し木・株分け
8	レースのカーテン越しの日光	毎日たっぷり	2カ月に1回	挿し木・株分け
9	レースのカーテン越しの日光	毎日たっぷり	2カ月に1回	挿し木・株分け
10	鉢土が乾いたらたっぷり			
11	ガラス越しの日光	やや乾かし気味		
12	ガラス越しの日光	やや乾かし気味		

ピレア *Pilea*

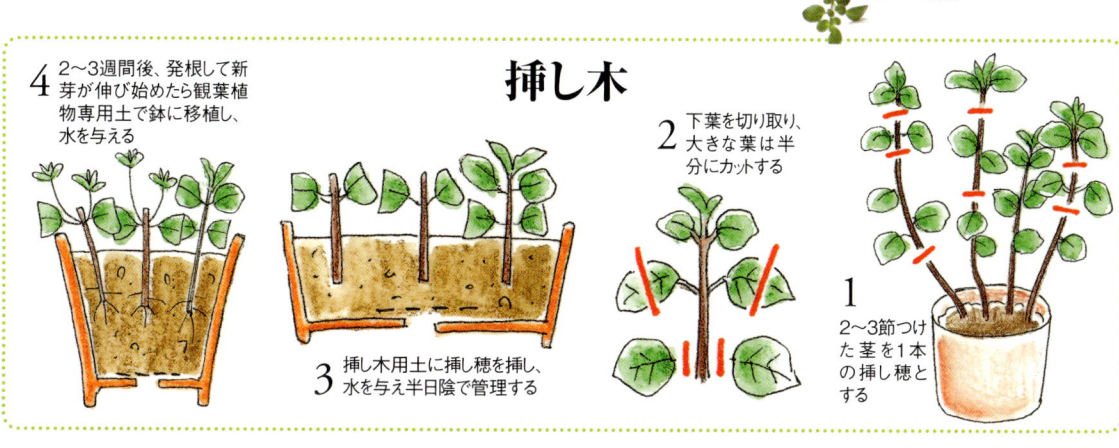

飾り方のポイント

多湿を好みコンパクトに育つグリーンなのでキッチンやバスルームなどに置いて楽しむことが出来ます。

ピレア
Pilea

イラクサ科ピレア属（ミズ属）

ピレア・ベビーリーフという名で流通する品種のひとつです。葉も株も小さくコンパクトにまとまります。半日陰の風通しの場所を好みます。

ピレア
Pilea

イラクサ科ピレア属（ミズ属）

ピレア・ベビーリーフとも呼ばれる品種のひとつです。小さな葉をたくさんつけて垂れ下がります。多湿を好むので、春から秋の間にはたっぷりと水やりをします。

挿し木

1 2〜3節つけた茎を1本の挿し穂とする

2 下葉を切り取り、大きな葉は半分にカットする

3 挿し木用土に挿し穂を挿し、水を与え半日陰で管理する

4 2〜3週間後、発根して新芽が伸び始めたら観葉植物専用土で鉢に移植し、水を与える

127 ピレア

フィカス類
Ficus

●クワ科

[別名] インドゴム、フィクス、フィカス

樹液を生ゴムに使用したことからゴムノキとして有名な常緑の植物の仲間

アルティッシマ
Ficus altissima
クワ科フィカス属

アルティッシマのほか、アルテッシマ、アルテシーマとして流通しています。多く出回っている'バリエガタ'は、葉の縁に黄緑色の斑が入った園芸品種が人気です。日光を好むので窓際の日当たりのよい場所に置きますが、夏場の直射日光に当たると葉焼けするので、注意します。春から秋には、鉢土の表面が乾いたらたっぷりと株の上から水やりをします。冬には乾かし気味に管理しますが、乾きすぎないように注意します。春から秋には2カ月に1回、緩効性肥料を与えます。

ゴムノキの仲間は種類が多く、熱帯、亜熱帯地方から温帯までの広範囲に分布しています。観葉植物としては、葉が大きく厚みのあるインドゴムノキや葉が小さくベンジャミナなど、ビッグツリーとして人気のあるものが多いです。園芸品種も多数出回っているので葉の色や形など変化に富んだものがふえています。

一般に耐陰性があるものも多く、明るい半日陰の場所を好みますが、日当たりのよい場所に置くと生育がよくなります。ただし、夏場の直射日光に当てると葉焼けを起こしてしまいます。

湿度を好むものが多く、春から秋にかけては、鉢土の表面が乾いたらたっぷりと水を与えます。夏は水切れに注意し、葉水をこまめに行って湿度を保ちましょう。秋から水やりの回数を徐々に減らし、冬は乾燥気味に育てます。アブラムシやカイガラムシが発生することがあるので発生したら殺虫剤で駆除します。

CALENDAR

越冬温度 5℃以上

月	1	2	3	4	5	6	7	8	9	10	11	12
日当たり	ガラス越しの日光				レースのカーテン越しの日光						ガラス越しの日光	
水やり	やや乾かし気味			鉢土が乾いたらたっぷり		毎日たっぷり				鉢土が乾いたらたっぷり	やや乾かし気味	
施肥				2カ月に1回								
繁殖				挿し木 取り木								

※アルテッシマのカレンダー

フィカス類 **128**

フィカス類
Ficus

フィカス・プミラ
Ficus pumila
クワ科フィカス属

葉が小さなつる性のゴムノキです。葉に白色の斑の入るものが人気です。明るい日陰を好むので半日陰で管理しましょう。強い光に当てると葉が傷むので注意します。春から秋には、鉢土の表面が乾いたらたっぷりと株の上から水やりをし、葉水をして湿度を高めます。冬には乾かし気味に管理しますが、水切れしないように注意します。春から秋には1カ月に1～2回、液肥を与えます。

ベンジャミナ 'シタシオン'
Ficus benjamina
クワ科フィカス類

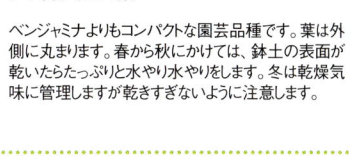

ベンジャミナよりもコンパクトな園芸品種です。葉は外側に丸まります。春から秋にかけては、鉢土の表面が乾いたらたっぷりと水やり水やりをします。冬は乾燥気味に管理しますが乾きすぎないように注意します。

飾り方のポイント

高さのあるフィカス類はリビングのシンボルツリーとして楽しめます。どんなインテリアにも似合うので重宝するグリーンのひとつです。

取り木

1 葉が残っている部分のすぐ下で取り木をする

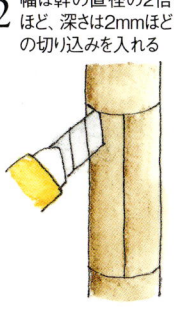

2 幅は幹の直径の2倍ほど、深さは2mmほどの切り込みを入れる

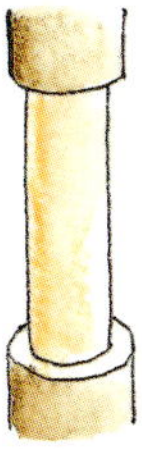

3 表皮をはがし、木質部を露出させる

4 切り取った部分を湿らせた水苔で包み、その上からビニールを巻いて上下をひもなどで留める

5 1～2カ月して発根したら、根の下で切り取り、鉢に移植し、水を与える。用土は観葉植物専用土を使用するとよい

ベンジャミナ
Ficus benjamina

クワ科フィカス属

葉が小さく光沢のある緑色の葉をつけるゴムノキの仲間です。耐陰性が強いですが、日当たりを好むので窓際などに置くと強健に育ちます。春から秋には、鉢土の表面が乾いたらたっぷりと株の上から水やりをします。冬には乾かし気味に管理しますが、乾きすぎないように注意します。春から秋には2カ月に1回、緩効性肥料を与えます。

インドゴムノキ
Ficus elastica

クワ科フィカス属

厚みのある大きな葉が特徴で、広く好まれているインテリアグリーンのひとつです。日光を好むので窓際の日当たりのよい場所に置きますが、夏場の直射日光に当たると葉焼けするので、注意します。春から秋には、鉢土の表面が乾いたらたっぷりと株の上から水やりをし、葉水をして湿度を高めます。冬には乾かし気味に管理しますが、乾きすぎないように注意します。春から秋には1カ月に1回、液肥を与えます。

フィカス類 *Ficus*

'バロック'
Ficus benjamina
クワ科フィカス属

葉が裏側にカールするベンジャミナの園芸品種です。ベンジャミナと同様に耐陰性がありますが、日当たりを好むので窓際などに置くとよく育ちます。春から秋には、鉢土の表面が乾いたらたっぷりと株の上から水やりをします。冬には乾かし気味に管理しますが、乾きすぎないように注意します。春から秋には2カ月に1回、緩効性肥料を与えます。

ガジュマル
Ficus microcarpa
クワ科フィカス属

日光を好むので日当たりのよい場所に置いて育てますが、夏の直射日光に当たると葉焼けするので、半日陰になるようにします。春から秋には、鉢土の表面が乾いたらたっぷりと水やりをします。湿度を保つために株の上から水やりをするとよいでしょう。冬には乾かし気味に管理しますが、乾きすぎないように注意します。春から秋には2カ月に1回、緩効性肥料を与えます。

フィットニア

Fittonia

● キツネノマゴ科　[別名] アミメグサ

アミメグサの名もある網目模様の葉が特徴。低温には要注意

'サニーイエロー'
Fittonia verschaffeltii var. *argyroneura*
キツネノマゴ科アミメグサ属

'サニーグリーン'の変異株で、葉は黄緑色で、葉脈が白っぽい黄緑色をしています。半日陰を好むので、レースのカーテン越しの日光が当たる場所に置きます。直射日光が当たると葉焼けをするので注意します。

水やり

多湿を好むので、水やりはこまめに行います。春から秋にかけては鉢土の表面が乾いたらたっぷり与えます。秋口までは水切れに注意してたっぷりと水やりをしますが、冬には乾燥気味に管理します。乾燥した場所で育てるときは、こまめに葉水をして湿度を保ちましょう。

肥料

5～10月にかけて、緩効性肥料を2カ月に1回施します。月に1回ほど液肥を施すと、葉の色あせを防げます。

病害虫

ハダニが発生することがあります。ときどき葉水を行い、風通しのよい場所で管理するようにしましょう。発生してしまった場合は薬剤を散布して早めに駆除します。

繁殖

挿し木や株分けでふやすことができます。適期は5～9月です。

CALENDAR

越冬温度 10℃以上

月	日当たり	水やり	施肥	繁殖
1	レースのカーテン越しの日光	やや乾かし気味		
2				
3				
4				
5	直射日光が当たらない室内	鉢土が乾いたらたっぷり	2カ月に1回	挿し木、株分け
6				
7				
8				
9				
10	レースのカーテン越しの日光	やや乾かし気味		
11				
12				

フィットニア Fittonia

飾り方のポイント

強い光に当たると葉焼けしてしまうので注意します。サイドテーブルやキッチンカウンターなどの明るい半日陰で楽しみましょう。

'サニーレッド'
Fittonia verschaffeltii var. *argyroneura*
キツネノマゴ科アミメグサ属

赤みの入った緑色の葉に、ピンク色をした葉脈が走るフィットニアです。下葉が枯れてきたら根詰まりしている場合があります。植え替えや株分けで早めに対処しましょう。

'サニーグリーン'
Fittonia verschaffeltii var. *argyroneura*
キツネノマゴ科アミメグサ属

葉が濃い緑色をしていて、葉脈が白くなります。多湿を好むので、乾燥した場所で育てるときは、こまめに葉水をして湿度を保ちましょう。春から秋にかけては鉢土の表面が乾いたらたっぷり与えます。冬には乾燥気味に管理します。

株分け

1 株を鉢から抜く

2 枯れた葉や生育の悪い葉茎を切り取る

3 根鉢を半分に分け、土をほぐして古い根を切る。このとき、根を傷めないように注意する

4 植え替える鉢に観葉植物専用土を使って植えつけ、水を与える

フィロデンドロン

Philodendron

● サトイモ科

[別名] ヒトデカズラ、ヒメカズラ

つる性や直立性など草姿が豊富で、葉の光沢と深い切れ込みが魅力

'オータム'
Philodendron
サトイモ科フィロデンドロン属

葉は大きく濃い緑色をしています。新葉の裏側は銅色になります。強い日射しに弱いので、室内の日当たりのよい場所に置きます。とくに夏は直射日光を避けたところに飾りましょう。

水やり

多湿を好むので、葉だけでなく気根などにもこまめに霧吹きで水を与えて湿度を保ちます。春から秋にかけては、鉢土の表面が乾いたらたっぷりと与えます。冬は乾かし気味に管理します。

肥料

春から秋にかけて緩効性肥料を2カ月に1回施します。さらに、株を大きく育てたいときは液肥も1週間に1回与えます。逆にあまり大きくしたくないときは肥料を少なめにして育てます。

病害虫

カイガラムシやハダニが発生することがあります。葉水をこまめに行うとハダニの発生を抑えることができます。カイガラムシやハダニを見つけたら散布して早めに駆除しましょう。

繁殖

挿し木でふやすことができます。適期は5〜9月上旬です。剪定した茎を挿し穂として利用することができます。

越冬温度 5℃以上

月	日当たり	水やり	施肥	繁殖
1	レースのカーテン越しの日光	やや乾かし気味		
2				
3				
4		鉢土が乾いたらたっぷり	2カ月に1回	挿し木
5	直射日光が当たらない室内			
6				
7				
8				
9				
10				
11	レースのカーテン越しの日光	やや乾かし気味		
12				

フィロデンドロン *Philodendron*

飾り方のポイント

フィロデンドロンには多くの種類があり、どれもエキゾチックな姿が魅力です。アジアンインテリア、モダンインテリアに合います。

セローム
Philodendron selloum
サトイモ科フィロデンドロン属

フィロデンドロン属のなかの直立性種で、茎は太く、立ち上がります。大きく長い葉は緑色で、深く切れ込みが入ります。多湿を好むので水切れしないように鉢土の表面が乾いたら水やりをします。冬は乾かし気味に管理します。

'レモン・ライム'
Philodendron
サトイモ科フィロデンドロン属

葉が鮮やかなレモン・イエローにになる園芸品種です。葉は古くなると緑色になります。幼木では立ち上がり、生長するにつれてつる状になります。

植え替え

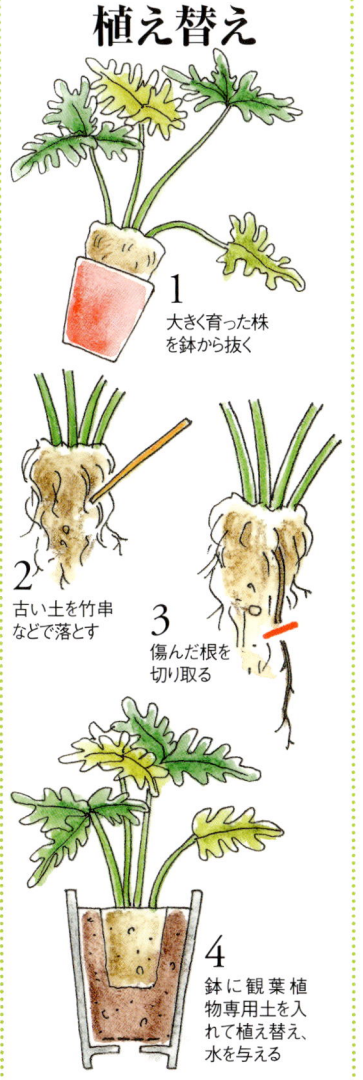

1. 大きく育った株を鉢から抜く
2. 古い土を竹串などで落とす
3. 傷んだ根を切り取る
4. 鉢に観葉植物専用土を入れて植え替え、水を与える

ブライダルベール

Gibasis pellucida

● ツユクサ科

ふんわりと株を覆う繊細な花が花嫁のベールにたとえられる

ブライダルベール
Gibasis pellucida
ツユクサ科ギバシス属

ムラサキツユクサなどと似た、茂ったつるに散りばめられた白い花が花嫁のベールを思わせます。日当たりのよい室内に置きますが、夏は直射日光が当たらないようにします。日照不足になると花つきが悪くなることがあります。

水やり

5～10月にかけて、鉢土の表面が乾いたらたっぷり水を与えます。秋以降は水やりを控えめにして冬は乾燥気味に管理します。年間を通して葉水を行いますが、茎葉が込み入っているので、過湿にならないように注意します。

肥料

5～10月の間は緩効性肥料を2カ月に1回施します。肥料が多すぎると花が開かないこともあるので、やりすぎには注意します。

病害虫

ハダニやカイガラムシが発生することがあります。茎葉がこんもりと茂る草姿なので、慎重に観察しましょう。発生してしまった場合は、薬剤を散布して早めに駆除します。

繁殖

挿し木、株分けでふやすことができます。適期は4月下旬～9月上旬です。生育旺盛なので、発根は容易です。

CALENDAR

越冬温度 10℃以上

月	日当たり	水やり	施肥	繁殖
1	ガラス越しの日光	やや乾かし気味		
2				
3				
4	レースのカーテン越しの日光	鉢土が乾いたらたっぷり	2カ月に1回	挿し木・株分け
5				
6				
7				
8				
9				
10				
11	ガラス越しの日光	やや乾かし気味		
12				

ブライダルベール
Gibasis pellucida

吊り鉢に仕立てたブライダルベール。鉢からたくさん伸びたつるに花をつけると滝のように涼やかな印象になります。夏場は屋外の半日陰で管理してもよいでしょう。

ブライダルベールの花。3枚の花弁をもつ小さな白い花をつけます。花の形は、同じツユクサ科のムラサキツユクサとよく似ています。

飾り方のポイント

日当たりのよい窓の近くに置きます。茎は横か下に伸びるので吊り鉢か高さのある鉢で飾ります。花や葉を楽しむために鉢は白や明るい色を選びます。

挿し木

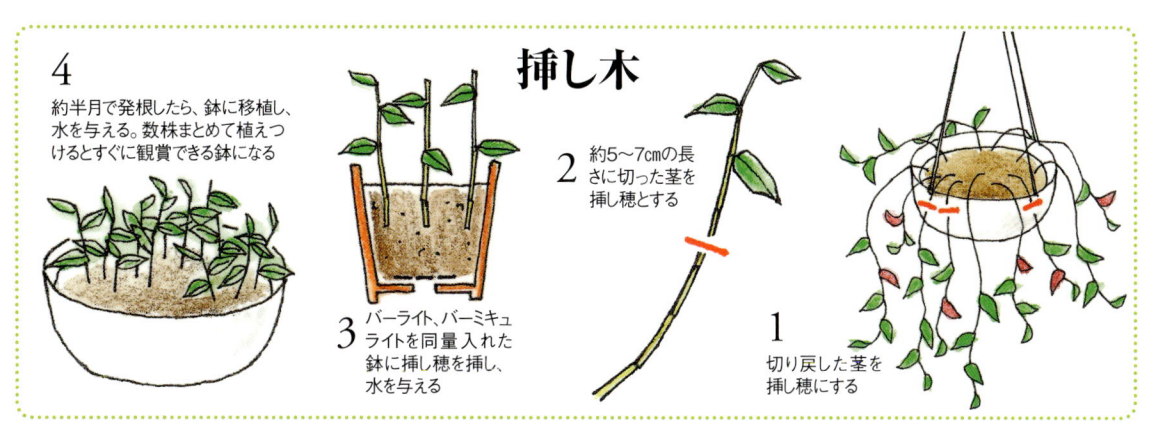

1 切り戻した茎を挿し穂にする

2 約5〜7cmの長さに切った茎を挿し穂とする

3 パーライト、バーミキュライトを同量入れた鉢に挿し穂を挿し、水を与える

4 約半月で発根したら、鉢に移植し、水を与える。数株まとめて植えつけるとすぐに観賞できる鉢になる

プレクトランサス

Plectranthus

● シソ科

単体でも寄せ植えでも活躍するグリーン

'エメラルドレース'
Plectranthus
シソ科ヤマハッカ属

白い葉脈がレースのように美しく浮き立ちます。葉裏はシックな赤紫色です。日射しを好むので直射日光の当たる窓際などの場所に置きます。夏は戸外の半日陰に置いてもよいでしょう。

水やり

春から秋にかけては、鉢土の表面が乾いたらたっぷりと水を与えます。とくに夏は毎日水やりをします。9月以降は徐々に水やりの量を減らし、低温期は乾かし気味に管理します。ただし、ときどき葉水を行って乾燥させすぎないように注意しましょう。過湿状態では根腐れを起こす可能性があります。

肥料

春から秋の間に緩効性肥料を2カ月に1回施します。また、初夏から初秋までは1カ月に2回、薄めた液肥を与えます。

病害虫

カイガラムシやハダニが発生することがあります。葉水を行い、風通しのよい場所で管理しましょう。発生してしまった場合は薬剤を散布して早めに駆除します。

繁殖

挿し木で簡単にふやすことができます。適期は5～9月中旬です。

CALENDAR

月	日当たり	水やり	施肥	繁殖	越冬温度
1	ガラス越しの日光	やや乾かし気味			5～10℃以上
2	ガラス越しの日光	やや乾かし気味			
3	ガラス越しの日光	鉢土が乾いたらたっぷり			
4	レースのカーテン越しの日光	鉢土が乾いたらたっぷり	2カ月に1回	挿し木	
5	レースのカーテン越しの日光	鉢土が乾いたらたっぷり	2カ月に1回	挿し木	
6	レースのカーテン越しの日光	毎日たっぷり	2カ月に1回	挿し木	
7	レースのカーテン越しの日光	毎日たっぷり	2カ月に1回	挿し木	
8	レースのカーテン越しの日光	毎日たっぷり	2カ月に1回	挿し木	
9	レースのカーテン越しの日光	毎日たっぷり	2カ月に1回	挿し木	
10	レースのカーテン越しの日光	鉢土が乾いたらたっぷり			
11	ガラス越しの日光	やや乾かし気味			
12	ガラス越しの日光	やや乾かし気味			

プレクトランサス
Plectranthus

'モナ・ラベンダー'
Plectranthus
シソ科ヤマハッカ属

濃い緑色の葉と鮮やかな、明るい紫色をした筒状花をつけ、群棲させると見事です。春から秋にかけては、鉢土の表面が乾いたらたっぷりと水を与えます。冬は乾かし気味に管理しますが、ときどき葉水を行って乾燥させすぎないように注意します。

'ミントリーフ'
Plectranthus
シソ科ヤマハッカ属

葉の縁に白い斑が入る園芸品種です。ミントの葉に似ていますが、ミントとはちがう独特の香りがあります。茎が横に伸びる性質があり、吊り鉢に仕立てて売られているものもあります。

飾り方のポイント

日当たりを好むので窓際に置くとよいでしょう。葉に斑が入るものは棚に飾り、小物と合わせて楽しめます。

挿し木

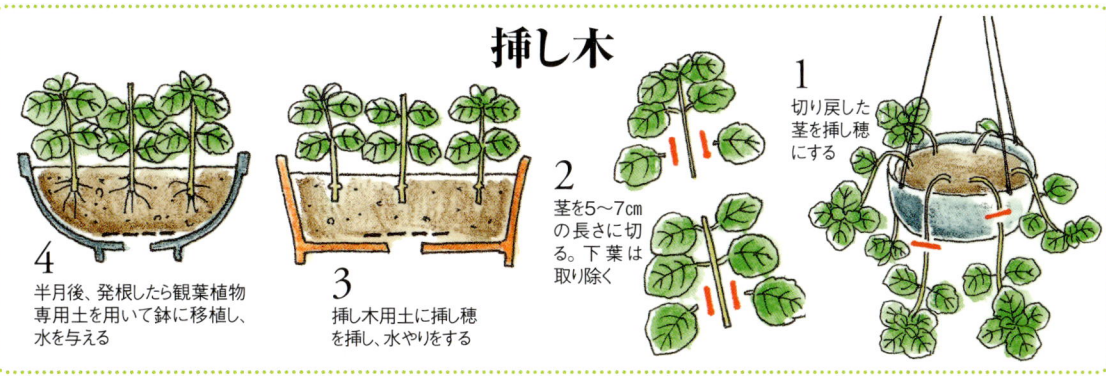

1 切り戻した茎を挿し穂にする
2 茎を5〜7cmの長さに切る。下葉は取り除く
3 挿し木用土に挿し穂を挿し、水やりをする
4 半月後、発根したら観葉植物専用土を用いて鉢に移植し、水を与える

139 プレクトランサス

ベゴニア

Begonia

● シュウカイドウ科

多くの種類があり、観葉植物として利用価値のあるものも多い

'システィーン'
Begonia
シュウカイドウ科シュウカイドウ属

根茎性ベゴニアで、斑の入った濃緑色の葉と淡いピンク色の花の取り合わせが見事です。直射日光には弱いので、日射しを避けた半日陰になる場所に置きます。とくに夏は、強い日射しが当たらないようにします。

水やり

春から秋の生育期には、鉢土が乾いたらたっぷりと水やりをします。とくに気温が高く乾燥しやすい夏は、毎日水やりが必要となります。冬には水やりを控えて乾かし気味に管理します。

肥料

5月から10月の間、2カ月に1回程度、緩効性の化成肥料を施します。

病害虫

春から秋にかけて、ホコリダニの発生が見られます。被害を受けると葉が縮れたり新芽の生長が止まったりします。被害の出た部分を切り戻すとともに、殺ダニ剤を散布して防除します。梅雨の時期や初秋にうどんこ病が発生することがあります。発生が確認できたら適用のある薬剤で防除します。

繁殖

挿し木でふやすことができます。適期は5月から9月。根茎性のベゴニアなどでは葉挿しもできます。

CALENDAR

月	日当たり	水やり	施肥	繁殖	越冬温度
1	レースのカーテン越しの日光	やや乾かし気味			
2					
3					
4					
5	直射日光の当たらない室内	鉢土が乾いたらたっぷり	2カ月に1回	挿し木、葉挿し	
6					
7					
8					
9					
10					
11	ガラス越しの日光	やや乾かし気味			
12					

ベゴニア *Begonia*

飾り方のポイント

明るい日陰を好むため、夏は直射日光を避け、それ以外の季節はレースのカーテン越しの日光が当たる窓際に置きましょう。

挿し木

1 茎の先を3〜4節に切り、挿し穂とする

2 挿し穂の下葉を取り去り、残した葉は半分に切る

3 平鉢などにバーミキュライトとパーライトを同量混ぜた用土を入れ、挿し穂を挿し、水を与える

4 1〜2週間して根が出たら、赤玉土5、ピートモス3、軽石2の用土に鉢上げをし、水を与える。支柱を立てて支える

'カーリーラッシュ'
Begonia
シュウカイドウ科シュウカイドウ属

根茎性ベゴニアで葉は緑色です。縁は縮れて波打つようになって斑が入ります。5月から10月の間、2カ月に1回程度、緩効性の化成肥料を施します。

'タイガー'
Begonia
シュウカイドウ科シュウカイドウ属

根茎性ベゴニアで、横に広がります。葉には美しい斑が入り、秋と春、葉が黄色くなり美しい株姿になります。春から秋の生育期には、鉢土が乾いたらたっぷりと水やりをします。冬には水やりを控えて乾かし気味に管理します。

ヘデラ
Hedera

●ウコギ科

[別名] アイビー、イングリッシュアイビー、セイヨウキヅタ

最近ではヘデラの名で呼ばれることが多い

'リバーレース'
Hedera helix
ウコギ科キヅタ属

葉は濃い緑色で深く切れ込みます。日射しを好むので夏場は直射日光の当たる場所に置きます。冬の時期は窓際の日当たりのよい場所に飾りましょう。耐寒性があるので戸外でも栽培可能です。

水やり
春から秋の生育期には、鉢土の表面が乾いたらたっぷりと水やりをします。夏はほぼ毎日水やりをしましょう。冬は水やりを控え乾燥気味に管理します。

肥料
初夏から初秋の間だけ、2カ月に1度ほど、粒状の緩効性化成肥料を施します。冬も暖かい室内に置く場合は、1カ月に1回ほど、液肥を水やり代わりに施します。

病害虫
被害は少ない方ですが、アブラムシやハダニ、カイガラムシなどの害虫の被害を受けることがあります。発生した場合は早めに適用薬剤を散布して駆除します。

繁殖
挿し木でふやすことができます。気温が15℃以上あればいつでも挿し木ができます。若い茎を2〜4節に切り取り、赤玉土小粒などの挿し床に挿します。

CALENDAR		
月	日当たり	水やり	施肥	繁殖
1	ガラス越しの日光	やや乾かし気味		
2				
3				
4	直射日光	鉢土が乾いたらたっぷり	2カ月に1回	挿し木
5				
6				
7				
8				
9				
10				
11	ガラス越しの日光	やや乾かし気味		
12				

越冬温度 3℃以上

ヘデラ
Hedera

'ジェティー'
Hedera helix
ウコギ科キヅタ属

葉に黄色い斑が入り、鮮やかです。生長が早いので2年に一度は植え替えをします。伸びすぎた枝は春先に剪定をして整えましょう。

'グレーシャー'
Hedera helix
ウコギ科キヅタ属

葉は小さく、黄色や白色の斑が入ります。春から夏には土が乾いたらたっぷりと水やりをします。秋・冬はやや乾燥気味に管理します。空気が乾燥するとハダニがつきやすくなるので、ときどき葉水をかけます。

'イエローリップル'
Hedera helix
ウコギ科キヅタ属

葉に黄色い斑が入ります。とくに葉の緑は鮮やかになります。ヘデラにはたくさんの品種があります。

飾り方のポイント

関東以西の暖かい地域では、戸外で楽しむこともできます。ハンギングなどがふつうですが、棚や窓辺にそのまま飾って動きをつけても面白いです。

挿し木

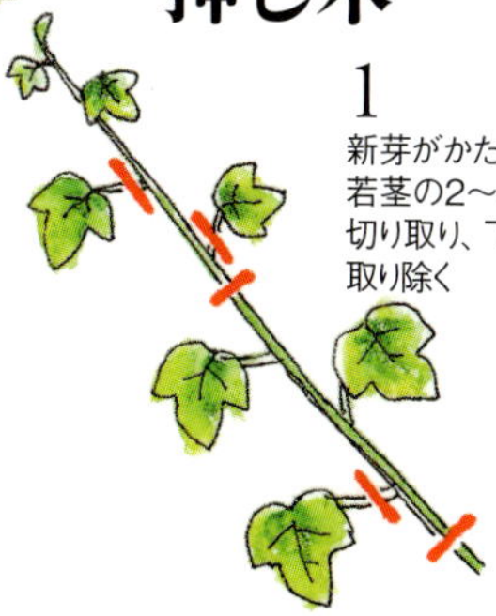

1 新芽がかたまった若茎の2〜4節を切り取り、下葉を取り除く

2 赤玉土小粒、あるいは赤玉土とバーミキュライトを同量混ぜた用土に浅鉢などを用意し、挿し穂を挿して水を与える

3 日陰で管理する。発根したら鉢に数本まとめて鉢上げするとよい

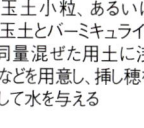

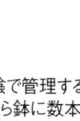

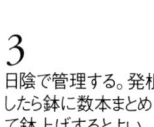

ベビーティアーズ

Soleirolia soleirolii

●イラクサ科　[別名]ソレイロリア

小さな葉をびっしりとつけてカーペット状に広がる

ベビーティアーズ
Soleirolia soreirolli
イラクサ科ソレイロリア属

茎が細く小さな葉は優しく繊細な雰囲気ですが、比較的寒さに強く、丈夫で育てやすい植物です。強い日射しには弱いので直射日光が当たらないような明るい日陰で育てます。とくに夏の日射しには注意します。

水やり

春から秋の生育期には、鉢土の表面が乾いたらたっぷりと水やりをします。冬には水やりを控え、やや乾かし気味に管理します。

肥料

5月から10月の間、1カ月に1〜2回、水やり代わりに薄めの液肥を施します。

病害虫

夏の高温で乾燥した時期に、ハダニが発生します。葉水を与えるなどして乾燥を防ぎ、ハダニの発生を予防します。発生してしまったら、殺ダニ剤で防除します。

繁殖

挿し木や株分けでふやすことができます。適期は5月初旬から10月いっぱいまで。株が大きくなり、根が鉢一杯になった株を鉢から抜き、鉢を二つに分け、赤玉土5、ピートモス3、軽石2の用土でそれぞれ別の鉢に植えつけます。大きな株は4つに分けてもよいでしょう。挿し木は切り戻した枝を挿し穂にします。

CALENDAR				
越冬温度 5℃以上	繁殖	施肥	水やり	日当たり	月
			やや乾かし気味	レースのカーテン越しの日光	1
					2
					3
					4
	株分け、挿し木	1カ月に1〜2回	鉢土が乾いたらたっぷり	直射日光が当たらない室内	5
					6
					7
					8
					9
					10
			やや乾かし気味	レースのカーテン越しの日光	11
					12

ベビーティアーズ *Soleirolia soleirolii*

飾り方のポイント

同じ形の鉢で飾ればモダンでキュートな印象になります。こんもりと茂る葉はキッチンやダイニングテーブルなどに似合います。

株分け

1　鉢いっぱいに茂ってしまった株を鉢から抜き取る。

2　ナイフやハサミなどを使って、根鉢ごとふたつに切り分ける。大きな株はさらに二等分して4株ほどに分けてもよい

3　古い土を軽く落とし、古い根や傷んだ根を切り取る

4　それぞれの株を、もとの大きさの鉢に、赤玉土5、ピートモス3、軽石2の用土で植えつけ、水を与える

ベビーティアーズの葉。葉は品種によって色が変わります。写真は葉が黄緑色の園芸品種。

ベビーティアーズの葉。葉は大きなものでも径5〜7mmほど、小さなものでは2〜4mmです。

ペペロミア
Peperomia

● コショウ科

葉は多肉質なものが多く、葉模様もそれぞれ個性的

アルギレイア
Peperomia argyreia
コショウ科サダソウ属

葉は銀白色の縞模様が美しく、多肉質でやや光沢があります。日射しには弱いので半日陰になる場所に置きます。とくに夏場の強い直射日光下では葉焼けを起こしやすく、注意が必要です。

水やり

乾燥に強い性質があります。過湿の環境では、株もとが腐ることがあるので注意します。春から秋にかけては鉢土の表面が乾いたらたっぷりと水を与えます。低温期は水やりを控えて乾燥気味に育てます。ただし、ときどき葉水を行って乾燥させすぎないように注意しましょう。

肥料

5〜10月の間は1カ月に1〜1回、液肥を与えます。多肥に注意しましょう。

病害虫

風通しの悪い場所ではカイガラムシ、乾燥した場所ではハダニが発生することがあります。日頃から葉の裏や根元をこまめにチェックし、発生してしまったら薬剤を散布して早めに駆除しましょう。カイガラムシは、数が少ないようならブラシでこすり落とします。

繁殖

挿し木、株分けでふやすことができます。適期は5〜9月です。

CALENDAR

越冬温度	繁殖	施肥	水やり	日当たり	月
10℃以上			やや乾かし気味	レースのカーテン越しの日光	1
					2
					3
					4
	挿し木、株分け	1カ月に1〜2回	鉢土が乾いたらたっぷり	直射日光が当たらない室内	5
					6
					7
					8
					9
					10
			やや乾かし気味	レースのカーテン越しの日光	11
					12

キフペペロミア
Peperomia obtusifolia 'Variegata'
コショウ科サダソウ属

ペペロミア・オブツシフォリアの黄色の斑が入ったものです。乾燥には強いため、過湿にすると根や株もとが腐ることがあるので注意します。日陰にも耐えますが、徒長してしまうので明るい日陰に置きます。

プテオラータ
Peperomia puteolata
コショウ科サダソウ属

光沢のない緑色の葉に淡黄緑の縞が入る、落ち着いた雰囲気のペペロミアです。乾燥に強く、春から秋にかけては鉢土の表面が乾いたらたっぷりと水を与えます。低温期は水やりを控えて乾燥気味に育てます。

飾り方のポイント

半日陰を好むので窓から少し離れた場所に置きます。シックな鉢を選べばモダンなインテリアとよく合います。

挿し木

4 その後、乾燥に注意して管理する

3 鉢に観葉植物専用土を入れて挿し穂を挿し、水を与える

2 下2節の葉をかき取る。茎を切り全体が5cmほどの挿し穂にする

1 葉のついた茎を切って挿し穂とする

ペペロミア *Peperomia*

ポトス

Epipremnum aureum

● サトイモ科

[別名] オウゴンカズラ

不動の人気を誇る観葉植物の代表。強健でさまざまな環境に耐える

'ライム'
Epipremnum aureum
サトイモ科ハブカズラ属

ポピュラーな品種で、光沢のあるライムの葉が美しいポトスです。大変丈夫で日陰でもよく育ちますが、本来は半日陰を好むので日光をよく当てるほど黄色が強くなります。

水やり

春から秋にかけては、鉢土の表面が乾いたらたっぷりと与えます。夏はほぼ毎日水やりをしますが、冬は回数を減らして乾燥気味に管理します。冬は葉水で湿度を保ちます。その際には、伸びた気根にも水を与えるようにします。

肥料

5～10月にかけて緩効性肥料を2カ月に1回与えます。丈夫で生長が早いので、水やりを兼ねて薄い液肥を2週間に1回施すだけでも十分です。

病害虫

アブラムシやハダニ、カイガラムシなどが発生することがあります。とくにカイガラムシは風通しの悪い環境で発生しやすいので注意し、見つけ次第、捕殺します。

繁殖

挿し木でふやすことができます。適期は5～8月です。生育旺盛なのでコップなどに水を張って挿し穂を入れておくだけでも発根します。

	CALENDAR				
越冬温度	繁殖	施肥	水やり	日当たり	月
5℃以上			やや乾かし気味	ガラス越しの日光	1
					2
					3
					4
	挿し木	2カ月に1回	鉢土が乾いたらたっぷり	レースのカーテン越しの日光	5
					6
					7
					8
					9
				ガラス越しの日光	10
			やや乾かし気味		11
					12

ポトス 148

ポトス
Epipremnum aureum

'エンジョイ'
Epipremnum aureum
サトイモ科ハブカズラ属

従来のポトスよりやや葉が小さく、白い斑の入った葉は一枚一枚個性的で、株全体としてスタイリッシュな印象を持っています。春から秋にかけては、鉢土の表面が乾いたらたっぷりと水を与えます。冬は回数を減らして乾燥気味に管理します。

'マーブルクイーン'
Epipremnum aureum
サトイモ科ハブカズラ属

葉の全面に美しい斑が入った園芸品種のひとつ。耐陰性はありますが、本来は半日陰を好みます。春から秋の生育期には、鉢土の表面が乾いたらたっぷりと水やりをします。

飾り方のポイント

カラフルな鉢に植えればポップな印象に仕上がります。チェアなどのインテリアに飾り、葉を下に伸ばしてもきれいです。

挿し木

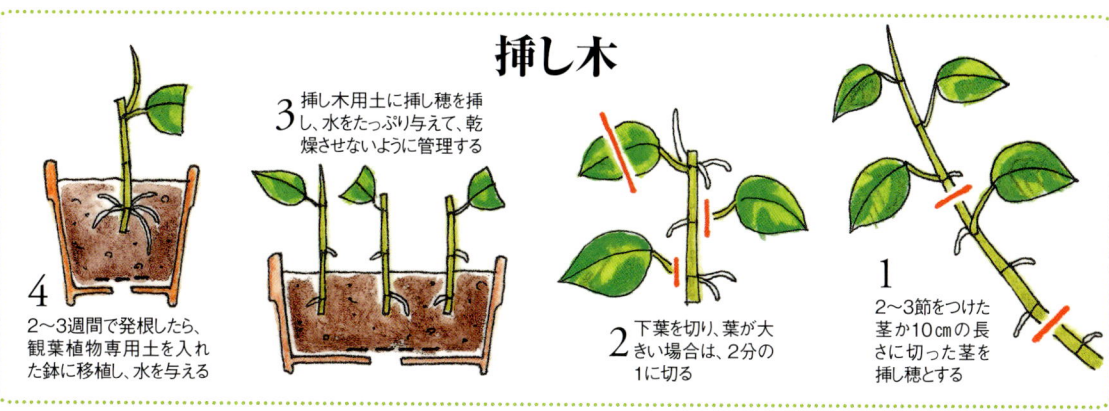

1 2～3節をつけた茎か10cmの長さに切った茎を挿し穂とする

2 下葉を切り、葉が大きい場合は、2分の1に切る

3 挿し木用土に挿し穂を挿し、水をたっぷり与えて、乾燥させないように管理する

4 2～3週間で発根したら、観葉植物専用土を入れた鉢に移植し、水を与える

マランタ

Maranta

●クズウコン科

美しい模様の葉が夜間に直立する、室内向きの植物

レウコネウラ・ケルショヴィアナ
Maranta leuconeura var. *kerchoveana*
クズウコン科クズウコン属

独特の葉模様が美しい、エキゾチックな雰囲気の強い観葉植物です。夜間は葉を閉じる性質があるため「お祈りの植物」という名があります。半日陰を好むので直射日光の当たらない場所に置きます。

水やり
4～10月は鉢土の表面が乾いたらたっぷりと与えます。10月以降は水やりの回数を徐々に減らし、冬の低温期は鉢土が乾いてから3、4日後に水を与えましょう。葉がぴんと張っていないときは乾燥している証拠なので、葉水をこまめに与えるようにします。

肥料
春から秋の間は緩効性肥料を2カ月に1回与えます。また、同じ期間に1カ月に1回、水やりのかわりに薄い液肥を与えてもよいでしょう。

病害虫
ハダニが発生することがあります。いずれも高温期に乾燥した場合によく見られます。発生した場合は適用のある薬剤を散布して早めに駆除しましょう。

繁殖
挿し木、株分けでふやすことができます。適期は5月下旬～9月です。植え替えを行うときに株分けをするとよいでしょう。

CALENDAR

越冬温度 10℃以上

月	日当たり	水やり	施肥	繁殖
1	レースのカーテン越しの日光	やや乾かし気味		
2				
3				
4	直射日光が当たらない室内	鉢土が乾いたらたっぷり	2カ月に1回	挿し木 株分け
5				
6				
7				
8				
9				
10	レースのカーテン越しの日光	やや乾かし気味		
11				
12				

マランタ
Maranta

飾り方のポイント

強光を避けられる場所かレースのカーテン越しの窓辺などに置きます。シンプルな鉢に植えて棚やチェストの上に小物と一緒に飾るとよいでしょう。

レウコネウラ・エリスロネウラの花。小さな紫色で、左右非対称の形をしています。

レウコネウラ・エリスロネウラ
Maranta leuconeura var. *erythroneura*
クズウコン科クズウコン属

葉が暗い緑色で赤色の葉脈が美しいマランタです。高温多湿を好むので春から秋にはたっぷりと水やりをします。冬はやや乾かし気味に管理します。

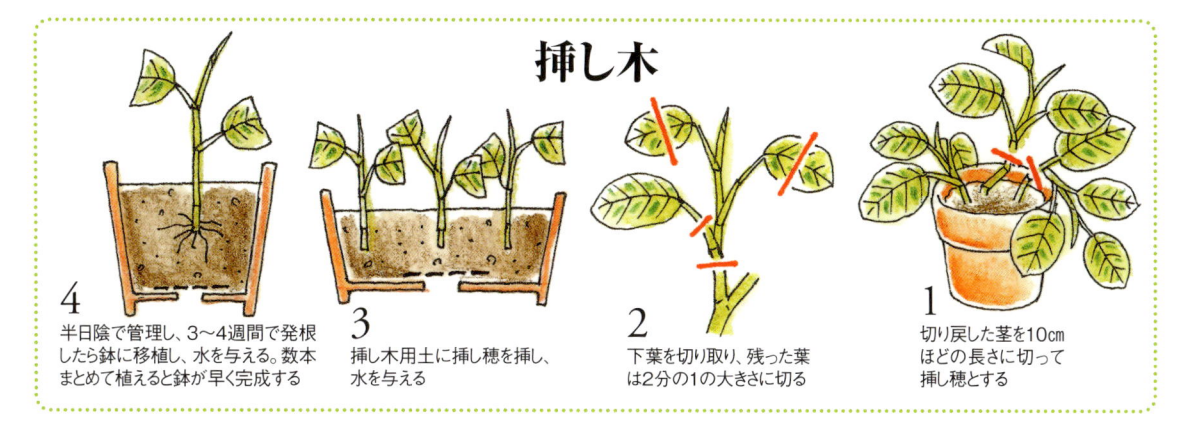

挿し木

4 半日陰で管理し、3～4週間で発根したら鉢に移植し、水を与える。数本まとめて植えると鉢が早く完成する

3 挿し木用土に挿し穂を挿し、水を与える

2 下葉を切り取り、残った葉は2分の1の大きさに切る

1 切り戻した茎を10cmほどの長さに切って挿し穂とする

ミルクブッシュ

Euphorbia tirucalli

● トウダイグサ科
［別名］アオサンゴ、ミドリサンゴ

茎の形からアオサンゴの別名を持つ多肉植物

ミルクブッシュ
Euphorbia tirucalli
トウダイグサ科トウダイグサ属

葉はほとんど退化し、枝振りのシルエットを楽しむ観葉植物です。性質はサボテンに似ています。日当たりを好むのでガラス越しの日光の当たる場所に置きましょう。夏は戸外に出してもよいでしょう。

水やり

乾燥に強い性質です。過湿状態になると根腐れを起こし、茎が黄色く変色してしまいます。春から秋にかけて、鉢土の表面が乾いたらたっぷりと水を与えます。10月以降はかなり控えめにして、低温期は鉢土が乾いて4、5日経ってから水を与えるようにします。

肥料

初夏から初秋にかけて、緩効性肥料を2カ月に1回施します。

病害虫

カイガラムシが発生することがあります。風通しのよい室内で管理すると発生を防ぐことができます。発生してしまった場合は薬剤を散布して早めに駆除します。

繁殖

挿し木でふやすことができます。適期は5～8月です。茎から出る白い乳液は皮膚につくとかぶれることがあるので、剪定や植え替えなどの作業時は手袋を着用しましょう。

CALENDAR

越冬温度 5℃以上

月	日当たり	水やり	施肥	繁殖
1	ガラス越しの日光	乾かし気味		
2	ガラス越しの日光	乾かし気味		
3	ガラス越しの日光	乾かし気味		
4	直射日光	鉢土が乾いたらたっぷり	2カ月に1回	挿し木
5	直射日光	鉢土が乾いたらたっぷり	2カ月に1回	挿し木
6	直射日光	鉢土が乾いたらたっぷり	2カ月に1回	挿し木
7	直射日光	鉢土が乾いたらたっぷり	2カ月に1回	挿し木
8	直射日光	鉢土が乾いたらたっぷり	2カ月に1回	挿し木
9	直射日光	鉢土が乾いたらたっぷり	2カ月に1回	
10	ガラス越しの日光	乾かし気味		
11	ガラス越しの日光	乾かし気味		
12	ガラス越しの日光	乾かし気味		

ミルクブッシュ
Euphorbia tirucalli

ミルクブッシュの葉。ほとんど退化し、4～9月の生育期に、枝先近くに小さな葉をつけますが、すぐに落ちてしまいます。

ミルクブッシュの花。原産地で自生しているものは花をつけますが、日本では花を見ることは珍しいといえるでしょう。

飾り方のポイント

日当たりを好むので窓際に置きます。直線的な緑の枝ぶりを生かすために高さのある鉢を選び、リビングなどに飾るとモダンな空間になります。

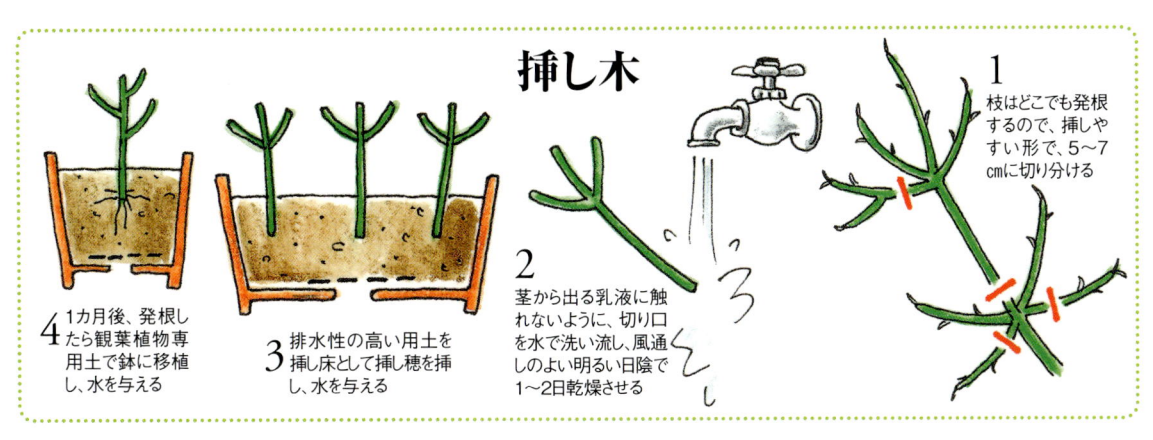

挿し木

1 枝はどこでも発根するので、挿しやすい形で、5～7cmに切り分ける

2 茎から出る乳液に触れないように、切り口を水で洗い流し、風通しのよい明るい日陰で1～2日乾燥させる

3 排水性の高い用土を挿し床として挿し穂を挿し、水を与える

4 1カ月後、発根したら観葉植物専用土で鉢に移植し、水を与える

モンステラ
Monstera

● サトイモ科
[別名] デンシンラン

存在感たっぷりの大きな葉で日陰をエキゾチックに演出する

モンステラ
Monstera
サトイモ科モンステラ属
（ホウライショウ属）

つる性あるいは半つる性の植物で、大きく切れ込みが入ったり、穴のあいた葉がユニークです。日陰でも育ちますが、日なたや半日陰に置きます。夏はレースのカーテン越しの光が当たるようにします。

水やり
春から秋にかけては、鉢土の表面が乾いたらたっぷりと水を与えます。とくに7月～9月下旬には毎日たっぷりと水やりをし、乾燥させないように注意します。秋からだんだんと水やりの回数を減らし、冬の低温期は乾燥気味に管理します。

肥料
5～10月に緩効性肥料を2カ月に1回施します。

病害虫
カイガラムシが発生することがあります。風通しのよい室内に置いておくと発生を抑えることができます。日頃から葉の裏や根元をこまめにチェックし、発生したら薬剤を散布して早めに駆除しましょう。

繁殖
挿し木でふやすことができます。適期は5～8月です。葉に斑が入る品種を挿し木する場合、葉にきれいに斑が入った茎を使うと、新しい株の葉もきれいに生長します。

CALENDAR

越冬温度 5℃以上

月	日当たり	水やり	施肥	繁殖
1	ガラス越しの日光	やや乾かし気味		
2				
3				
4	レースのカーテン越しの日光	鉢土が乾いたらたっぷり	2カ月に1回	挿し木
5				
6				
7				
8				
9				
10				
11	ガラス越しの日光	やや乾かし気味		
12				

モンステラ | 154

モンステラ *Monstera*

ミニマ
Monstera adansoii
(*M. deliciosa* var. *borsigiana*)
サトイモ科モンステラ属（ホウライショウ属）

ヒメモンステラまたはその小形サイズの園芸品種です。葉はモンステラと同じく穴があいたり、切れ込みが入ったりします。春から秋にかけては、鉢土の表面が乾いたらたっぷりと水を与えます。冬の低温期は乾燥気味に管理します。

飾り方のポイント

特徴のある葉はリビングのシンボルツリーにぴったり。葉を生かすために鉢はシンプルなものを選びます。

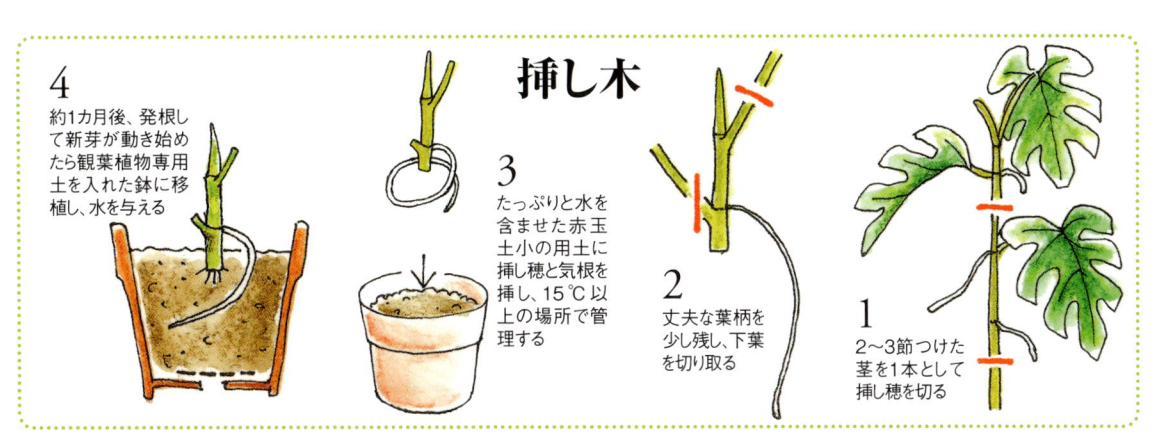

挿し木

1 2～3節つけた茎を1本として挿し穂を切る

2 丈夫な葉柄を少し残し、下葉を切り取る

3 たっぷりと水を含ませた赤玉土小の用土に挿し穂と気根を挿し、15℃以上の場所で管理する

4 約1カ月後、発根して新芽が動き始めたら観葉植物専用土を入れた鉢に移植し、水を与える

ユッカ
Yucca

● リュウゼツラン科

鋭い葉がスタイリッシュな印象。長年親しまれている人気の植物

ユッカ・エレファンティペス
Yucca elephantipes
リュウゼツラン科ユッカ属

生育旺盛で次つぎと新芽を出すため「青年の木」と呼ばれることもあります。丈夫で育てやすく、オフィスのグリーンとして定番の観葉植物です。日射しを好むので日当たりのよい場所に置きましょう。

水やり
春から秋にかけては鉢土の表面が乾いたらたっぷりと水を与えます。秋以降は水やりの回数を減らし、冬の低温期には鉢土が乾いてから4、5日後に与えるようにします。

肥料
5～10月の間は緩効性肥料を2カ月に1回施します。また、同じ期間に1カ月に2回薄い液肥を与えてもよいでしょう。

病害虫
カイガラムシやアブラムシが発生することがあります。風通しのよい室内で管理するように心がけましょう。発生した場合は、薬剤を散布して早めに駆除します。

繁殖
挿し木、取り木でふやすことができます。適期は5月中旬～8月中旬です。取り木をする場合は、切り取った後の株の大きさを想定し、葉のついている部分より下の樹皮を環状にはがして、湿った水苔を巻いておきます。

CALENDAR

越冬温度 2～3℃以上

月	日当たり	水やり	施肥	繁殖
1	ガラス越しの日光	乾かし気味		
2	ガラス越しの日光	乾かし気味		
3	ガラス越しの日光	乾かし気味		
4	レースのカーテン越しの日光	鉢土が乾いたらたっぷり	2カ月に1回	挿し木・取り木
5	レースのカーテン越しの日光	鉢土が乾いたらたっぷり	2カ月に1回	挿し木・取り木
6	レースのカーテン越しの日光	鉢土が乾いたらたっぷり	2カ月に1回	挿し木・取り木
7	レースのカーテン越しの日光	鉢土が乾いたらたっぷり	2カ月に1回	挿し木・取り木
8	レースのカーテン越しの日光	鉢土が乾いたらたっぷり	2カ月に1回	挿し木・取り木
9	レースのカーテン越しの日光	鉢土が乾いたらたっぷり	2カ月に1回	
10	レースのカーテン越しの日光	鉢土が乾いたらたっぷり	2カ月に1回	
11	ガラス越しの日光	乾かし気味		
12	ガラス越しの日光	乾かし気味		

ユッカ
Yucca

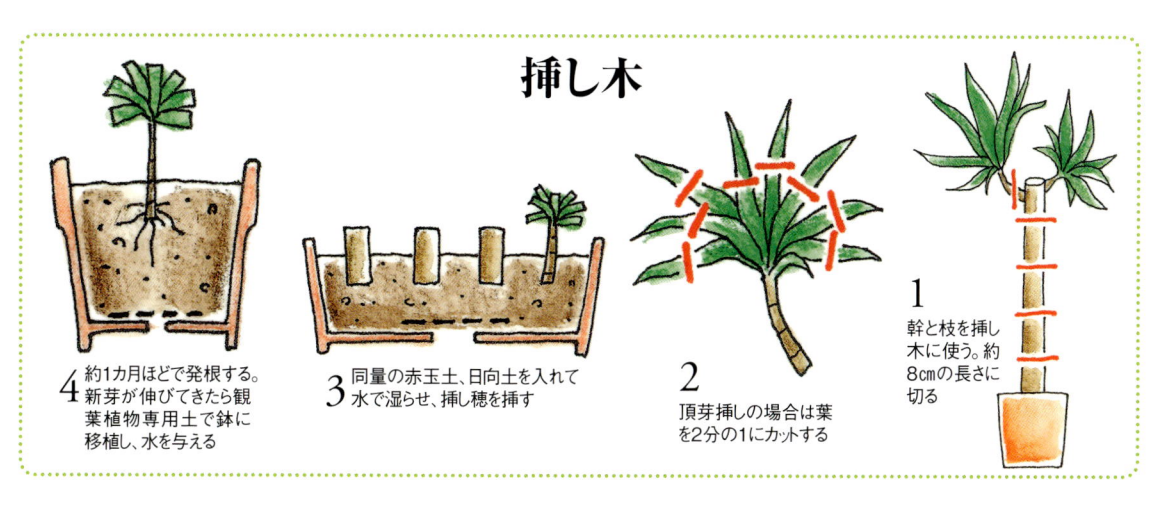

飾り方のポイント

ユッカ・エレファンティペスは直線的な幹と葉が特徴です。強い日射しを好むのでリビング、ダイニングなどの窓際に飾りましょう。

'バリエガータ'
Yucca gloriosa 'Variegata'
リュウゼツラン科ユッカ属

葉に白色〜黄色の斑が入った園芸品種です。春から秋にかけては鉢土の表面が乾いたらたっぷりと水を与えます。秋以降は水やりの回数を減らし、冬の低温期には鉢土が乾いてから4、5日後に与えるようにします。

ユッカ・アロイフォリア
Yucca aloifolia
リュウゼツラン科ユッカ属

写真はユッカ・アロイフォリアの一種。葉には、縦に黄、白色のラインが入ります。日当たりのよい場所を好むので、暖かい時期には戸外に置きます。

挿し木

4 約1カ月ほどで発根する。新芽が伸びてきたら観葉植物専用土で鉢に移植し、水を与える

3 同量の赤玉土、日向土を入れて水で湿らせ、挿し穂を挿す

2 頂芽挿しの場合は葉を2分の1にカットする

1 幹と枝を挿し木に使う。約8cmの長さに切る

157 ユッカ

ワイヤープランツ

Muehlenbeckia complexa

●タデ科

ハンギングに仕立てて風に揺れる小さな葉を楽しむ

‘スポットライト’
Muehlenbeckia complexa
タデ科ミューレンベッキア属

茎はピンク色を帯び、葉は緑色の地に白色の斑がバランスよく現れます。吊り鉢でも楽しむことができます。日当たりを好むのでガラス越しの日光の当たる場所に置きます。とくに夏は直射日光が当たるようにします。

月	日当たり	水やり	施肥	繁殖
CALENDAR				
1	ガラス越しの日光	鉢土が乾いたらたっぷり		
2				
3		鉢土が乾いたらたっぷり		
4	レースのカーテン越しの日光			
5			2週間に1回	挿し木、株分け
6				
7		鉢土がやや乾いたらたっぷり		
8				
9		鉢土が乾いたらたっぷり		
10	ガラス越しの日光			
11		鉢土が乾いたらたっぷり		
12				

越冬温度 0℃以上

水やり
乾燥に弱い性質です。ただし、過湿状態だと根腐れが起こることがあるので注意しましょう。春から秋の間は鉢土の表面が乾けばたっぷりと水を与えます。冬の低温期には乾かし気味に管理します。

肥料
5～10月の間、薄めた液肥を2週間に1回施します。

病害虫
カイガラムシやハダニ、アブラムシが発生することがあります。乾燥しすぎる環境ではハダニが発生しやすくなるので、こまめに葉水を与えて湿度を保つようにしましょう。発生したら薬剤で早めに駆除します。

繁殖
挿し木や株分けでふやすことができます。適期は5～8月です。株分けをする場合は、根鉢をナイフで半分に切り、古い土を落としてから鉢に植えつけます。

ワイヤープランツ
Muehlenbeckia complexa

飾り方のポイント

日射しを好むので窓際などに置きます。針金のような茎の動きとかわいらしい葉は本棚やデスクのアクセントになります。

ワイヤープランツ
Muehlenbeckia complexa
タデ科ミューレンベッキア属

一般のワイヤープランツは針金のような茎と緑色の小さな葉が特徴です。春から秋の生育期には鉢土の表面が乾いたらたっぷりと水やりをします。冬は乾燥気味に管理します。

ワイヤープランツ'スポットライト'の葉。緑と淡黄色のマーブル模様がきれいです。

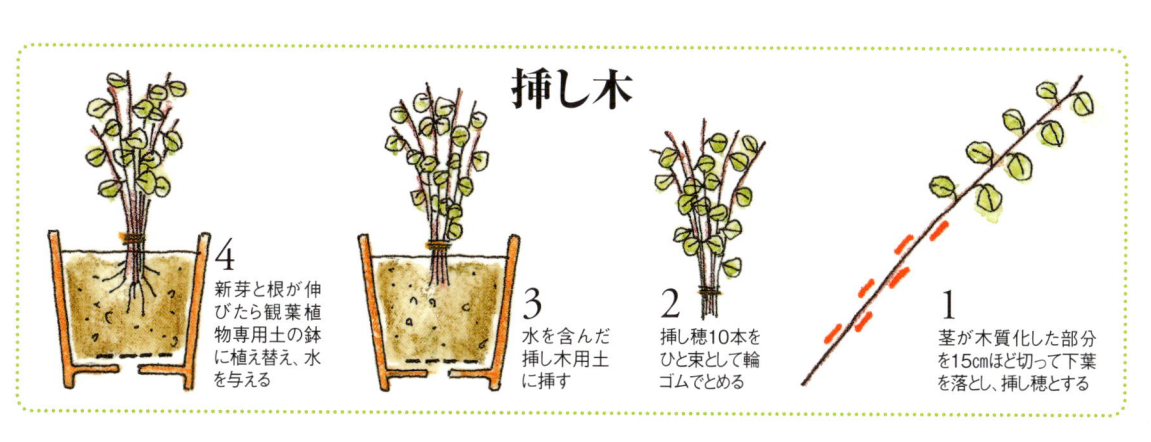

挿し木

4 新芽と根が伸びたら観葉植物専用土の鉢に植え替え、水を与える

3 水を含んだ挿し木用土に挿す

2 挿し穂10本をひと束として輪ゴムでとめる

1 茎が木質化した部分を15cmほど切って下葉を落とし、挿し穂とする

ヤシ類

Collinia, Chrysalidocarpus, ~etc.

● ヤシ科
[別名] パーム

ヴァリエーション豊富で、大きさも飾り方も自由自在

テーブルヤシ
Chamaedorea elegans
ヤシ科テーブルヤシ属

小形のヤシで、成木になると3mほどになりますが、高さ30〜50cm程度の大きさがもっとも株姿がよくなります。室内では半日陰になる場所に置きます。春から秋にかけて、鉢土の表面が乾いたらたっぷりと水を与えます。とくに夏は水切れに注意しましょう。秋以降は水やりの回数を徐々に減らし、冬の低温期は乾燥気味に管理します。5〜10月の間は緩効性肥料を2カ月に1回施します。

ヤシ類は多くの種類があり、リゾート気分を演出する観葉植物として欠かせないもののひとつです。一般的に葉が羽状に広がり、大株になりますが、観賞用としては大きさ、葉の形、幹など実に多彩な種類があります。

多くの種類には耐陰性がありますが、日当たりのよい場所や半日陰を好むものが多いです。ただし、室内で育てている植物を夏の直射日光に急に当てると葉焼けを起こしてしまいます。

湿度を好むのが多く、春から秋にかけて、鉢土の表面が乾いたらたっぷりと水を与えます。夏は水切れに注意し、葉水もこまめに行いましょう。秋以降は水やりの回数を徐々に減らし、冬の低温期は乾燥気味に管理します。生長が早いものが多いので、あまり大きくしたくないときは水やりを控えましょう。ハダニなどが発生することがあるので、見つけたときは薬剤を散布して早めに駆除します。

CALENDAR

月	日当たり	水やり	施肥	繁殖	越冬温度
1	ガラス越しの日光	やや乾かし気味			10℃以上
2	ガラス越しの日光	やや乾かし気味			10℃以上
3	ガラス越しの日光	やや乾かし気味			10℃以上
4	ガラス越しの日光	鉢土が乾いたらたっぷり	2カ月に1回	株分け、取り木	10℃以上
5	直射日光	鉢土が乾いたらたっぷり	2カ月に1回	株分け、取り木	10℃以上
6	直射日光	鉢土が乾いたらたっぷり	2カ月に1回	株分け、取り木	10℃以上
7	直射日光	鉢土が乾いたらたっぷり	2カ月に1回	株分け、取り木	10℃以上
8	直射日光	鉢土が乾いたらたっぷり	2カ月に1回	株分け、取り木	10℃以上
9	直射日光	鉢土が乾いたらたっぷり	2カ月に1回	株分け、取り木	10℃以上
10	ガラス越しの日光	鉢土が乾いたらたっぷり	2カ月に1回		10℃以上
11	ガラス越しの日光	やや乾かし気味			10℃以上
12	ガラス越しの日光	やや乾かし気味			10℃以上

※テーブルヤシのカレンダー

ヤシ類
Collinia, Chrysalidocarpus, ~etc.

飾り方のポイント

ヤシ類は羽のような葉が広がり、リゾート気分を演出します。大きなものはシンボルツリーとしてリビングに、小さなものはテーブルのアクセントに。

ケンチャヤシ
Howea belmoreana
ヤシ科ケンチャヤシ属

葉は濃緑色で羽状に広がり、弓状に湾曲して優雅な曲線を描きます。室内では半日陰になる場所に置きます。春から秋にかけて、鉢土の表面が乾いたらたっぷりと水を与えます。とくに夏は水切れに注意しましょう。秋以降は水やりの回数を徐々に減らし、冬の低温期は乾燥気味に管理します。春から秋の間は緩効性肥料を2カ月に1回施します。

アレカヤシ
Chrysalidocarpus lutescens
ヤシ科クリサリドカルプス属（タケヤシ属）

葉は黄緑色の羽状で、株立ちした姿はとても優雅です。室内ではレースのカーテン越しの日光が当たる場所に置きます。秋から春の間は日光の当たる窓際に置きましょう。春から秋にかけて、鉢土の表面が乾けば水を与えます。湿度を保つために葉水もこまめに行います。秋以降は水やりの回数を徐々に減らし、冬の低温期は乾燥気味に管理します。春から秋の間は緩効性肥料を2カ月に1回施します。

株分け　テーブルヤシ

1 株を鉢から抜く
2 根鉢をノコギリで半分に切る
3 古い土を落として、傷んだ根を切る
4 植え替える鉢に少量の用土を入れて株を中央に置き観葉植物専用土を入れる
5 たっぷりと水を与える

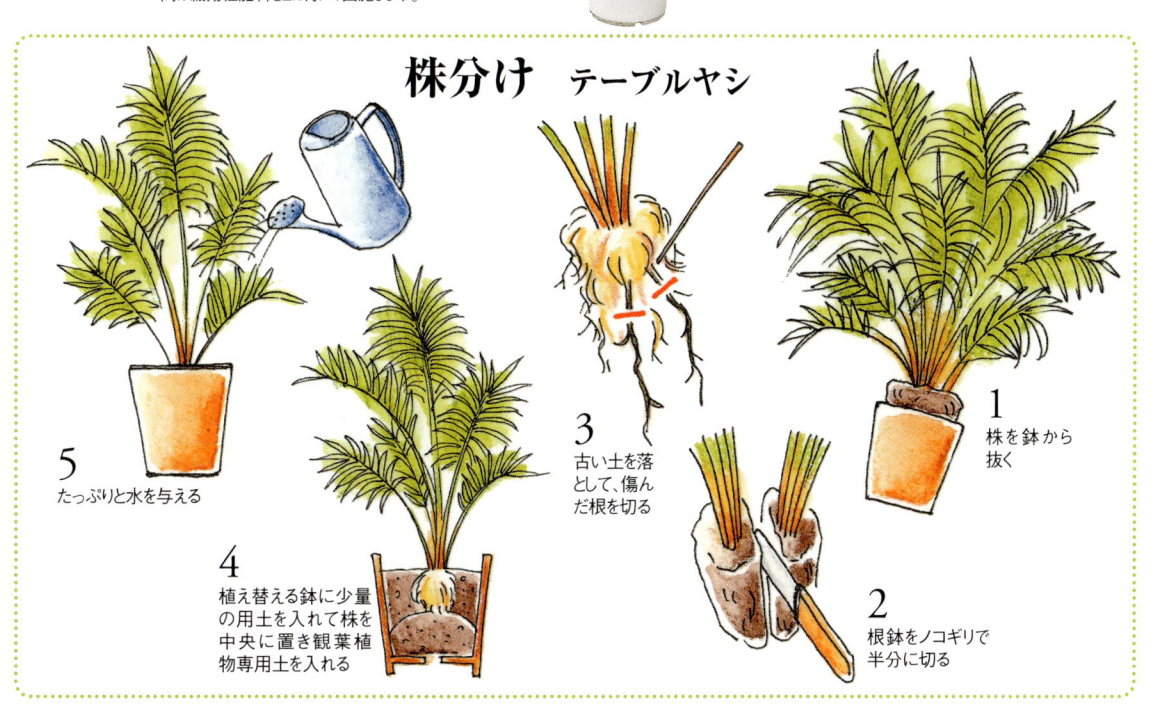

フェニックス
Phoenix canariensis
ヤシ科フェニックス属（ナツメヤシ属）

別名カナリーヤシ、シンノウヤシ。葉は羽状複葉で幹の頂から広がり、トロピカルな印象の強いヤシです。日当たりを好むので窓際の日光の当たる場所に置きます。夏は、室内で育てている場合は、半日陰になるようにします。春から秋にかけて、鉢土の表面が乾いたらたっぷりと水を与えます。とくに夏は水切れに注意しましょう。冬の低温期は乾燥気味に管理します。春から秋の間は緩効性肥料を2カ月に1回施します。

ラステリアーナ
Neodypsis lastelliana
ヤシ科ネオディプシス属（ミツヤヤシ属）

葉はライトグリーンで、とてもスタイリッシュなヤシです。幹には茶色の毛が生え、テディベアパームとも呼ばれます。室内で管理している場合は、急に夏の直射日光に当たると葉焼けを起こすので注意します。春から秋にかけて、鉢土の表面が乾けば水を与えます。冬の低温期は乾燥気味に管理します。春から秋の間は緩効性肥料を2カ月に1回施します。

観葉植物の育て方

日当たりと置き場所

観葉植物の育て方 1
置く場所の日当たりに合った観葉植物を選ぶ

観葉植物の性質を知る

植物は、根などから吸収した養分と水とから、太陽のエネルギー（日光）を利用して、光合成によって生育に必要な物質を作り出しています。つまり、植物が生育するためには日光が必要なのです。ただし、必要とする日光の強さは植物によって異なっていて、夏の日射しのように強い直射日光を好むものもあれば、木陰の半日陰のような明るさを好むものもあります。

観葉植物では、クロトンは強い直射日光のもとで丈夫に育ちますが、シンゴニウムや多くのシダ類のように、直射日光を嫌う植物もあります。日光を嫌うといっても、生育のためには光合成が不可欠で、植物の性質や生育に応じて光の強さを調整する必要があります。

日なた、半日陰、日陰に置ける、観葉植物のそれぞれの性質については、さくいん（→191P）を参照してください。

置き場所の工夫

一般に南向きの窓は北向きの窓よりも日照を好まない植物であれば十分明るいといえます。ただし、南向きの窓でも隣家が近接していれば、それほど日光が入らないことも考えられ、実際にはその場所それぞれで日当たりは変わってきます。一日の時間変化、一年の季節変化で部屋にどのように日光が当たるのかを知り、その明るさに合った観葉植物を選んだり、置き方を工夫する必要があるでしょう。

基本は、南、あるいは東に面した窓際を利用し、カーテンや窓からの距離で日照を調整しながら育てるのが理想です。強い西日が当たるような場所は避けたほうがよいでしょう。午後は一般的に植物の活動が低下するので、そのようなときに強い日射しが当たるのはよくないためです。できるだけ午前中の日光が当たるような場所で日照を調整しながら育てるのが一番です。

北向きの窓でも、シダ類などあまり日照を好まない植物であれば十分育てることができます。ただしその場合でも、ときどき遮光などで光線の強さを調節した直射日光を当てないと、丈夫に育てることはできません。

また、照明などでどんなに明るい部屋であっても、窓からの日光が当たらない部屋では植物はうまく育ちません。強弱の好みはあっても、植物の生育には日光が欠かせないためです。

日光から遮断された窓のない部屋に観葉植物を置く場合には、暖かい日を選んで、ときどき日光に当ててあげるようにしましょう。

置き場所の湿度と温度

観葉植物の置き場所で、日当たりに加えて大切なことは、温度と湿度です。

観葉植物の多くは熱帯や亜熱帯に自生するものや、それらを品種改良したものです。比較的高い気温を好み、日本で栽培するとなると冬の低温が問題になることが少なくありません。

とはいっても、昨今の住宅は気密性も高くなり、暖房をした室内であれば、特別高温を好む植物でない限り、とくに冬越しがむずかしいということはないでしょう。ただし、室内であっても、冬の夜間、窓際はかなり気温が下がります。暖房を切った夜間には、窓から離れた比較的暖かい場所に置くなどの工夫が必要になります。しかし、いくら低温を嫌うからといって、暖房器具からの温風に直接当たるような場所は避けなくてはいけません。

温度とともに湿度も重要です。乾燥に強い観葉植物もありますが、もともと熱帯・亜熱帯雨林の樹林下など、湿った場所に自生している観葉植物も少なくありません。そのような湿度を好む植物は極端に乾燥を嫌います。室内で管理する場合、夏の冷房、冬の暖房の効いた部屋の中は、湿度が低くなっています。湿度を好む植物を、そのような湿度の低い場所に置かなければならない場合は、霧吹きなどで葉水を与え、空中湿度を高く保つ必要があります。

観葉植物の置き場所一例

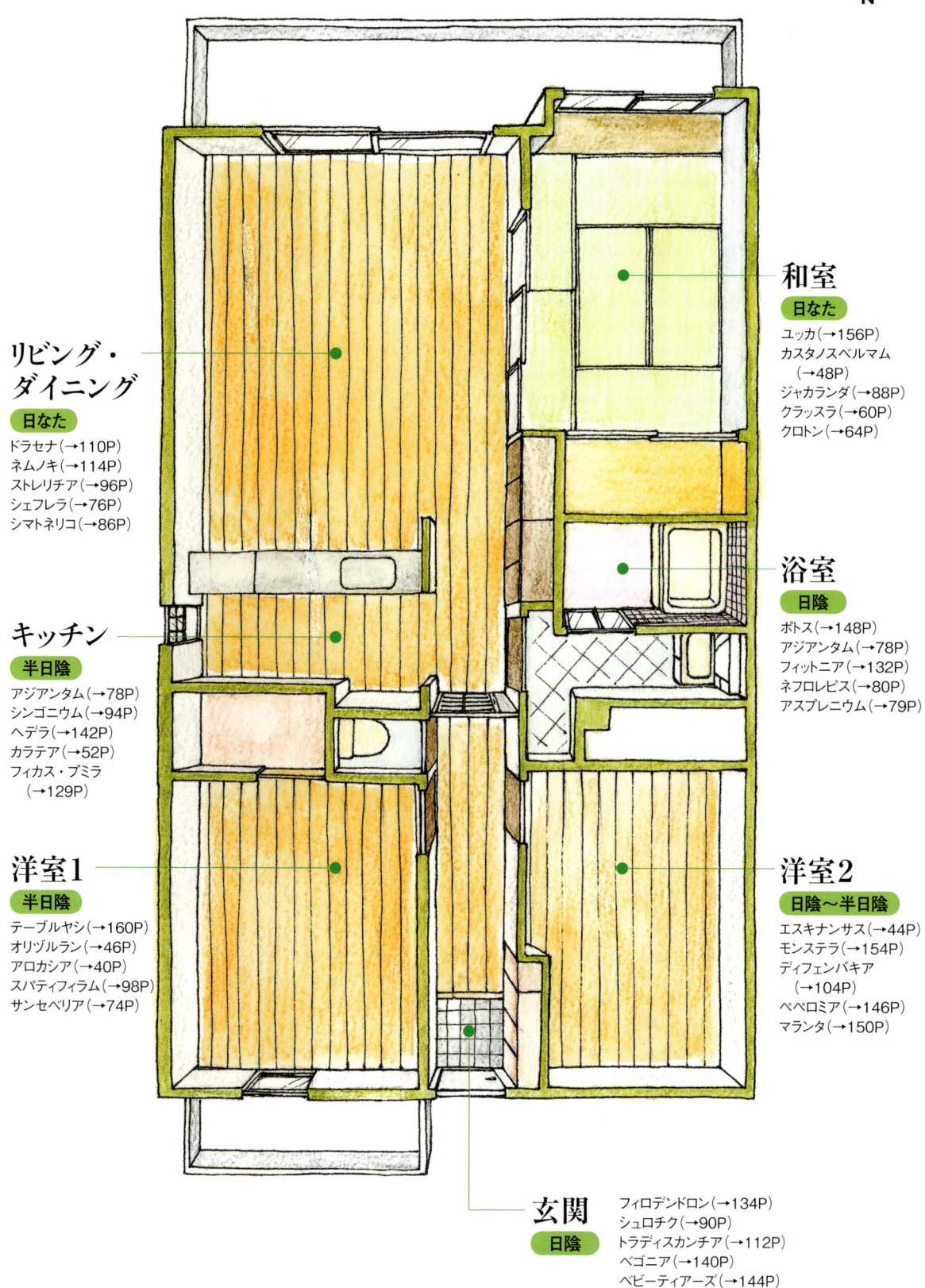

リビング・ダイニング
日なた
ドラセナ（→110P）
ネムノキ（→114P）
ストレリチア（→96P）
シェフレラ（→76P）
シマトネリコ（→86P）

キッチン
半日陰
アジアンタム（→78P）
シンゴニウム（→94P）
ヘデラ（→142P）
カラテア（→52P）
フィカス・プミラ（→129P）

洋室1
半日陰
テーブルヤシ（→160P）
オリヅルラン（→46P）
アロカシア（→40P）
スパティフィラム（→98P）
サンセベリア（→74P）

和室
日なた
ユッカ（→156P）
カスタノスペルマム（→48P）
ジャカランダ（→88P）
クラッスラ（→60P）
クロトン（→64P）

浴室
日陰
ポトス（→148P）
アジアンタム（→78P）
フィットニア（→132P）
ネフロレピス（→80P）
アスプレニウム（→79P）

洋室2
日陰〜半日陰
エスキナンサス（→44P）
モンステラ（→154P）
ディフェンバキア（→104P）
ペペロミア（→146P）
マランタ（→150P）

玄関
日陰
フィロデンドロン（→134P）
シュロチク（→90P）
トラディスカンチア（→112P）
ベゴニア（→140P）
ベビーティアーズ（→144P）

観葉植物の育て方 2

用土

通気性、排水性、保水性が高い団粒構造の土を作る

植物の栽培は土作りから

着生植物や水草など特殊なものを除き、植物は土に根を張って、土の中から栄養分を吸収して生育しています。土には、植物を支え、栄養分を供給するとても大切な役割があるのです。植物栽培は土作りからとよくいわれますが、実際に、湿度や温度、日当たりなどの栽培条件を整えても、土がその植物にとってよいものでなければ、丈夫に育つことはできません。場合によっては枯死してしまうことさえあります。

観葉植物の土の構造

観葉植物は根から水分や養分を吸収するだけでなく、根が呼吸をしているため、土の間に空気があることも大切です。つまり、植物が必要とする土とは、保水性があるとともに排水性もあり、通気性がよくなくてはならないのです。そのような条件を満たす土はどのような土なのでしょうか。

観葉植物にとっての土の良し悪しは、その構造によって決まります。よい土というのは、団粒構造（下図参照）という形をしています。

土を形作る小さな粒子が集まった状態で、水も空気も通りにくく、植物の根にはよい状態とは言えません。この単粒が集まって適度な大きさにかたまったものを団粒といいます。団粒は粒が単粒にくらべて大きいため、団粒と団粒との間の空隙が大きく、水や空気が通りやすくなります。さらに団粒そのものに水を保持するために、団粒が集まった土は、通気性や排水性が高く、さらに保水性が高い土となります。このような団粒が集まった土を、団粒構造の土といいます。団粒には水と一緒に肥料分も保持されるため、肥料もちのよい土にもなります。

すき間
団粒と団粒のすき間。水と空気が通る

団粒
土の粒が集まって作られた団粒

団粒のすき間
団粒のすき間はせまいので、水が流れずに保水性が高まる

利用する用土の実際

園芸店などで売られている土には、実にさまざまなものがあります。それらには長所も短所もあり、ふつう単独で用いることをせず、互いの短所を補うようにいくつかの土を混ぜて、栽培する植物に合った用土を作って利用します。

また、園芸店では、「観葉植物用の土」などとして、あらかじめいくつかの土を配合した栽培用土が売られています。いくつもの土を配合する必要がないため手間がかからず便利ですが、厳密には栽培する観葉植物によって必要とする用土の性質が異なるため、市販の単品用土を購入して、栽培する観葉植物にもっとも合った用土を配合して利用するのがよいといえます。

栽培用土の配合

用土の配合に使う単品用土は、大きく基本用土、改良用土に分けられます。

基本用土とは鉢栽培の際に主体となる用土で、観葉植物では赤玉土が多用されます。その基本用土の欠点を補い、植物の栽培に適した土にするために補うのが改良用土です。

基本用土と改良用土

パーライト
真珠岩や黒曜石を細かく砕いて高温処理した改良用土です。通気性、排水性にすぐれています。

ピートモス
湿地の水苔などが泥炭化したものです。ほぼ無菌なので室内で育てる観葉植物に向いている改良用土です。

栽培用土
数種類の用土をブレンドしたものです。市販のものは元肥が配合されたり、観葉植物ごとの専用培養土まで各種あります。

バーミキュライト
蛭石（ひるいし）を高温処理した改良用土です。石の層の間に水分や肥料分を蓄えることができます。

腐葉土
落ち葉を発酵・腐熟させたものです。水はけや通気性、保水性を高める代表的な改良用土です。

赤玉土
赤土を乾燥させたものを大粒、中粒、小粒に分けたものです。基本用土としてもっとも利用されています。

排水性のよい用土

サンセベリアなどの水はけと通気性を好む植物の場合は、ピートモスや腐葉土よりも軽石の割合を多くします。

- 赤玉土6、パーライト（あるいは川砂）3、ピートモス（あるいは腐葉土）1
- 赤玉土5、軽石（あるいは日向石）4、ピートモス（あるいは腐葉土）1
  など

観葉植物栽培のための標準用土

多くの観葉植物が、この標準用土で栽培することが可能です。

- 赤玉土6、ピートモス（あるいは腐葉土）3、パーライト（あるいは川砂）1
- 赤玉土5、ピートモス（あるいは腐葉土）3、軽石（あるいは日向石）2
  など

ハンギング向きの用土

吊り鉢やハンギングバスケットなどには、保水性や排水性、通気性を考えつつ、軽い用土をつくるようにします。

- ピートモス（あるいは腐葉土）4、パーライト2、バーミキュライト2
  など

保水性と通気性がよい用土

サトイモ科の観葉植物やシダ類の多くは、やや保水性が高く通気性のよい土を好みます。そのような観葉植物の場合、ピートモスあるいは腐葉土の割合を多めにします。

- 赤玉土5、ピートモス（あるいは腐葉土）4、軽石（あるいは日向石）1
- 赤玉土6、ピートモス（あるいは腐葉土）3、パーライト（あるいは川砂）1
  など

栽培用土を作る

3 余った物はビニール袋に入れて密封し、乾燥させないように冷暗所で保存する

2 移植ゴテなどでよくかき混ぜる

1 植物に合わせた土の配合を決め、材料を大きな皿か、ビニールシートなどにのせる。

観葉植物の育て方 3

水やり

水やりの基本は鉢土が乾いたらたっぷりと与える

植物の生育にとって水は欠くことのできないものです。ましてや、自然状態で育つものとちがって、鉢という限られたスペースのなかで植物を育てる場合、土の湿り具合を調整しなくてはいけません。水やりは植物の栽培管理のなかで、もっとも大切なものひとつといえるでしょう。観葉植物をうまく育てられないといった場合、その原因が水やりにあることが決して少なくはないのです。

湿り具合を調整する

観葉植物に適している、団粒構造をした土であれば、鉢底から水が流れ出るほどたっぷりと水を与えると、団粒の間を水が流れて水が抜けると、鉢土の中に新鮮な空気が供給されます。そして団粒そのものが水を含んで、適度な湿り気をもつようになるのです。（下図参照）

観葉植物では、植物の性質に応じて、土の湿り具合を調整しながら水やりをすることが大切です。

水と空気の流れ

団粒の間に水が流れて抜けると空気が供給される

団粒には水が含まれる

分や水分を吸収する根毛が発達せず、植物そのものがうまく育たなくなってしまいます。また鉢土の中に空気がなくなって、根が呼吸できなくなり、傷んでしまいます。

観葉植物の基本的な水やりは、鉢土が乾いたら、鉢底から水が流れ出るまでたっぷりと水を与える、ということです。そしてこれを規則正しく繰り返すことが大切です。水やりを忘れて鉢土がカラカラに乾いた状態になっている、あるいは水やりをしすぎていつも鉢土が湿っている、そんな状態はもちろんのこと、あるときは鉢土を完全に乾かしてしまい、別のときには鉢土が乾くまもなく水やりをしているといった気まぐれな水やりでは、植物はうまく育ちません。

定期的な、規則正しい水やりが大切

植物には水が必要だからといって、常に鉢土が湿った状態になっているのは、植物の根にとってよくありません。水が常に供給されている状態です。乾燥を好むものなのであれば、植物の根はあまり育たず、養分や乾かし気味に、湿り気を好むもの

水やりの基本

鉢土が乾いたら鉢底から水が出るようにたっぷりと与える

乾燥を好む植物では鉢土が乾いてから2〜4日待ってから、湿り気を好む植物では、鉢土の表面が乾き始めたらたっぷりと水やりをする

168

であれば水やりの頻度をやや多めにする必要があります。一般的には、鉢土が乾いたら水をたっぷりと与えるというのを基本として、乾燥を好む観葉植物では鉢土が乾いてから2〜4日待ってから水やりをし、湿り気を好む観葉植物では、鉢土の表面が乾き始めたら毎日でもたっぷりと水やりをするようにします。

葉水で空中湿度を上げる

また、空気中の湿度も植物が根から吸収する水の量にも影響します。空中湿度が高ければ、根から吸い上げる水の量は減り、空気が乾燥すれば根から吸収する水の量は増えるのです。

湿度を好む観葉植物や、夏の高温乾燥期には、鉢土への水やりだけでなく、霧吹きなどで葉や茎に水をかけて、空中湿度を保つ葉水(はみず)の必要もあります。

挿し木の水やり

挿し木をするときには、挿し木用土の土が乾いている場合、挿し床に水をまいて、あらかじめ湿らせておく必要があります。挿し穂を挿したあとは、根と土がよく活着するように鉢底から水が出るようにたっぷりと水を与えます。

空気が乾燥しているときはビニールなどで覆うと、空中湿度が高くなって水分の蒸散(葉から空気中に水分を放出する)が少なくなり、生育もよくなります。

発根して鉢上げする場合も同様に、鉢に植えたあとに水をたっぷりと与え、根の活着をよくします。

生育環境に見合った水やりも大切

水やりの頻度や鉢土の湿り気の状態の管理は、育てている観葉植物の性質だけでなく、その生育環境(置き場所など)にも影響されます。

一般に、気温が高く十分日光があたっている場合には、水やりが多少多めでもあまり植物に悪い影響を与えません。これは、そのような状態では植物が活発に活動、生育しているからです。

これとは逆に、気温が低く日光が少ない状態では、根の活動も鈍り、水やりが多すぎるとすぐに植物に悪い影響が出てしまいます。とくに気温が低下する冬場には、多くの観葉植物が休眠あるいは休眠に近い状態になり、根を始め植物全体の活動が低下するので、乾燥気味に管理するのが基本です。

夏と冬の水やり

冬の低温期には水やりを控えめにする

夏の高温期にはたっぷりと水やりをする

挿し木の水やり

乾燥している場合は、空中湿度を保つためにビニールなどで覆い、空気が通るように口を少しあけておく

挿し木後は、根と土が活着しやすいようにたっぷりと水やりをする

挿し木の前にあらかじめ鉢土を湿らせる

観葉植物の育て方 4

肥料

肥料の3要素をバランスよく与える

不足しがちな養分を補う

植物の体はさまざまな元素から作られています。このうち、炭素、水素、酸素については、空気中や吸収した水を分解して利用されますが、その他の元素は、水に溶けた状態で、一般に根から吸収され、利用されます。炭素や水素、酸素は十分供給されますが、それ以外の元素はどうしても不足しがちです。そこで、植物を育てる場合、それらの不足しがちな元素を、肥料という形で補ってあげる必要があるのです。植物に肥料を与えることを施肥（せひ）といいます。

肥料の3要素

植物が必要とする元素のなかでとくに窒素、リン酸、カリウムは吸収量が多く、土壌中に不足しがちです。この窒素、リン酸、カリウムを「肥料の3要素」といい、肥料の成分の中心となります。3要素にカルシウム、マグネシウムを加えて肥料の5要素とよび、それ以外の塩素や鉄、マンガン、亜鉛などを微量要素とよびます。

肥料の3要素である窒素、リン酸、カリウムは、植物の生育に大きく関わり、それぞれの役割を担っています。

窒素　タンパク質の構成要素のひとつで、葉を中心とした植物体の生長に役立っています。

リン酸　植物の細胞を作るのに大切な要素で、開花や実を結ぶことに大きく関わっています。

カリウム　植物体内の生理作用を調整し、根や茎を丈夫にするとともに、各部の生長に関わっています。

観葉植物の生育には、これら3要素がバランスよく供給される必要があります。仮に窒素分だけが含まれた肥料を与え続ければ、葉や株が大きく茂り、徒長の原因になりますし、窒素分が少ない肥料では株が大きくなりません。

観葉植物の場合は葉を美しく育てることが大切で、そのため、観葉植物として市販されている肥料は、やや窒素分が多いバランスになっているようです。ただし、観葉植物であっても、なかには花も観賞の対象となるものもあり、そのようなものに窒素分を多く与えると、花芽がつきにくくなり、観賞価値が下がってしまいます。花芽を分化させるには、リン酸やカリウムが多く配合した肥料を選びましょう。

肥料の種類

肥料は、大きく分けて無機質肥料と有機質肥料に分けられます。

有機質肥料とは、堆肥や油かすなど天然由来のものの多くはこの有機質肥料です。有機質肥料は養分として吸収されるまでに時間がかかり、遅効性の肥料となります。また、徐々に分解、吸収されるため、緩効性の肥料でもあります。

※遅効性肥料→施肥後すぐに効果が現れず、ある程度時間がたってから効果を発揮する肥料。

※緩効性肥料→ゆっくりと長い期間効果を発揮する肥料。

ゆっくりと長い期間効果を発揮し、

有機質肥料　牛糞

無機質肥料　化成肥料

観葉植物には化成肥料を

無機質肥料の多くは化学合成された肥料（化成肥料）で、粒状や粉状、あるいは液状をしていて扱いやすく、臭いも少ないため、観葉植物には向いているといえるでしょう。また、肥料の3要素の成分比や、効果が持続する期間、必要な施肥量などもわかりやすく、使いやすいといえます。

ただし、根に直接触れたり、多く施しすぎると根を傷めることもあり、施し方には注意が必要です。

有機質肥料はよい肥料なのですが、有機質肥料の多くはそのものに強い臭いを持っていることと、さらに微生物によって分解される際にも臭いが発生することなどから、室内で管理する観葉植物にはあまり適しているとはいえません。よく発酵させ、微生物により分解の進んだ有機質肥料であれば臭いの少ないものもあります。

根を傷める心配が少ないという点では有機質肥料はよい肥料なのですが、有機質肥料の多くはそのものに強い臭いを持っていることと、さらに微生物によって分解される際にも臭いが発生することなどから、室内で管理する観葉植物にはあまり適しているとはいえません。よく発酵させ、微生物により分解の進んだ有機質肥料であれば臭いの少ないものもあります。

ときに、あらかじめ用土に混ぜておく肥料で、生育期間中、長期にわたって効果を発揮してくれるように、ふつう緩効性の肥料を使います。

それでも植物の吸収や水やりによって肥料分は亡失などによって、元肥の効果はうすれていきます。そこで、栽培の途中で肥料分を補う目的に施します。これを追肥といいます。観葉植物の場合、扱いやすさや臭いなどの点から、元肥と追肥は粒状の化成肥料が便利です。また、急いで肥料分を補うときなどは、液体肥料なども利用されます。液体肥料は肥料成分が水に溶けたもので、速効性があります。また、根が弱っていて根から養分を吸収させるのがむずかしい場合などは、葉面散布肥料も用いられます。

肥料は少なめに施す

肥料は、多く与えれば与えるほどよいというわけではありません。施すときには、その分量よりやや少なめに与えるほうが、失敗は少なくなります。

さらに肥料を与える時期というのも大切です。多くの植物は気温の高い春から秋にかけて活発に生育し、冬には活動を低下させます。肥料は、植物の生育期間に限って与え、気温が低下して休眠、あるいはそれに近い状態になる冬には肥料を与えてはいけません。

市販されている肥料には、栽培状況に応じた適量が記されていますが、実際に施すときには、その分量よりやや少なめに与えるほうが、失敗は少なくなります。

肥料での失敗の多くは、肥料の与えすぎで起きます。多肥は根を傷めたり、かえって軟弱な株に育ったりと、植物によい影響を与えません。

肥料には、植物の種類や大きさ、用土の量（鉢の大きさ）によって、適切な量というのがあります。

元肥
観葉植物を植えつけるとき、または植え替えるときに用土と一緒に混ぜておく

元肥は緩効性肥料、追肥は速効性の肥料

肥料は、施すタイミングや施し方によって、元肥と追肥に分けることができます。

元肥は、植えつけ時や植え替えの

追肥
観葉植物を追肥する際は、粒状の化成肥料を鉢に置くのが一般的

観葉植物の育て方 5

病害虫

病害虫はこまめにチェックして予防、早期防除が基本

健康な株に育てる

植物に被害を与える病気や害虫は数多くあります。そのようななかで、観葉植物は、草花や野菜などとくらべたら、比較的病気や害虫の被害が少ないといえるでしょう。

そうはいってもまったく被害がないわけではありません。予防や早期の防除を心がけなければ、葉や株の美観が損われ、場合によっては枯死してしまいます。

病気や害虫の被害を防ぐには、なによりも病気や害虫に強い、健康な株に育てることが大切です。そのためには日々の栽培管理を適切に行い、その植物に適した環境で育てるのが一番です。具体的には、

1 植物の性質に合わせて、適切に日光に当てる。
2 適切な水やりを心がけ、鉢土の乾燥や過湿を避ける。
3 整枝を行い、込みすぎた枝葉を調整して、風通しをよくする。
4 適切な肥培管理を行う。とくに多肥にならないように注意する。

などが挙げられます。

予防、早期防除が基本

病気や害虫の被害をなくす、あるいは少なくするためには、なにより予防が大切です。

観葉植物に比較的多く発生が見られるカイガラムシやハダニ類は、乾燥すると発生がふえます。乾燥する時期には葉水を与えるなど空中湿度を高くすると発生を減らすことができます。

もし、病気や害虫が発生してしまったら、早期防除が大切です。とくにカイガラムシなどは発生初期の幼虫は少なくするためには、なにより

健康な株に育てるポイント

1 植物の性質に合わせて日光を当てる

2 植物の性質に合わせて水やりをする

3 風通しをよくするために整枝をする

4 肥料をやりすぎないようにする

虫の時期でないと、なかなか駆除できません。アブラムシやハダニなどは、水やりの際、強めの水圧で葉裏から水をかければ流し去ることができます。

病害虫を薬剤で防除する場合も早期に対応することが大切です。被害が拡大してからでは防除がむずかしいことがあるからです。薬剤を利用する場合は、それぞれの病気や害虫に適用のある薬剤を使って、適切に駆除、治療しましょう。

栄養分の不足や土壌の過湿や乾燥、日光不足などで生じるさまざまな症状を、生理障害といいます。葉色が悪くなったり、下葉が枯れたり、株全体が衰弱したりします。生理障害は栽培環境を整えれば発生しにくいので、発生を防ぐためには適切な栽培管理をすることが大切です。

薬剤の利用のしかた

害虫を駆除する場合は殺虫剤を利用します。ハダニなどダニの仲間には殺虫剤でなく、専用の殺ダニ剤を

利用します。植物の病気の多くは、細菌やカビの仲間によって引き起こされます。それらの病気の治療には殺菌剤を使用します。

薬剤を使用するときの服装

薬剤を利用するときは、戸外に出して散布する。マスクや手袋、ゴーグルなどを着用し、薬液などが皮膚についたり、吸飲することのないよう、十分注意する。

アブラムシの一種。アブラムシは発生しやすい害虫のひとつで、見つけたら早めに駆除する

観葉植物で多く見られる病気・生理障害

●葉焼け
強い日射しに当たったときなどに発生する障害で、葉が茶色あるいは黒っぽく変色します。ひどい場合には枯れてしまいます。夏の直射日光は多くの観葉植物の葉に葉焼けを起こします。植物ごとの必要に応じて適当な遮光をしましょう。とくに斑入りの品種では葉焼けを起こしやすいので注意します。

●蒸れ
葉がよく茂って、株の内部の風通しが悪くなると、高温多湿時に株中心部が蒸れて、葉が落ちたり、かびが生えたりすることがあります。茂りすぎた葉は枝や葉を切り取り、風通しをよくしましょう。

●根腐れ
過湿や低温、肥料過多などによって根が腐る障害です。多肥を避け、低温時には水やりを控えるなどして予防に努めます。

●炭そ病
褐色の斑点が葉の一部に現れ、次第に大きく丸くなり、その部分が枯れます。斑点の周辺は濃褐色で、枯れた部分は灰白色となります。

●褐斑病
葉の表面に褐色の斑点が発生し、次第に広がり、病気が進むと枯れてしまいます。

●うどんこ病
葉の表面に小麦粉をまいたように白いかびが生えます。風通しをはかり、蒸れないように管理して予防します。

観葉植物に発生しやすい害虫

●ハダニ
とても小さく、肉眼では見つけにくい害虫です。高温で乾燥した時期に発生しやすくなります。葉裏につき、多発するとクモの巣のような細い糸を張るため、発生に気づくことがあります。集団で葉や茎を食害し、被害を受けた場所は色が抜けたようになります。

●ホコリダニ
ハダニよりさらに小さな害虫です。肉眼で見つけることはほぼ不可能です。展開前の蕾や葉について食害し、葉は展開しても奇形となります。

●カイガラムシ
種類にもよりますが、多くは体の表面からロウ状の分泌液を出して、貝殻状やかさぶた状の物質で覆われています。殻に覆われる前なら薬剤の効果がありますが、殻に覆われてからでは薬剤が効きにくく、早期発見が防除の鍵です。殻に覆われて付着したものは、ブラシなどでこすって落とします。

●アブラムシ
春以降に現れて、伸び盛りの新芽や若い葉、蕾などに群れでつき、食害します。多くの植物で発生します。また、ウイルスによる病気を媒介します。

●ナメクジ
夜間に出てきて葉などを食害します。昼間は鉢の下などに潜んでいます。

観葉植物の育て方 6

冬越し・夏越し

冬越しは温度、水やりに注意。夏越しは日射し対策を

冬越しのポイント

多くの観葉植物が、亜熱帯や熱帯を自生地としているため、日本で育てる場合、冬の寒さをどう乗り切るかが、栽培の大きなポイントとなります。

じょうずに冬越しさせるために第一に大切なことは、丈夫で健全な株に育てることです。そのためには、春から秋の生育期に、日光に当てて、戸外の新鮮な空気に触れさせてあげることです。ただし、種類にもよりますが、真夏のもっとも暑い時期の直射日光は避けるようにします。

強い日射しを好まず、弱い日光のもとで育つ種類の観葉植物は、木陰など半日陰の場所や、室内ではレースのカーテン越しの場所などに置きましょう。それでもできるだけ明るい場所で管理したほうが、株全体が元気に育ち、冬の寒さにも強くなるものです。

植物の越冬温度を知ることが大切

植物には、それ以上なら枯れずに冬を越すことができる温度というものがあります。その越冬温度は植物の種類によって異なっています。観葉植物であっても、気温0℃ほどの戸外で越冬できるものもありますし、最低でも15℃近くないと越冬できないものもあります。じょうずに冬越しさせるためには、まず、自分が育てている観葉植物がどれくらいの気温で冬を越すことができるのかを知ることから始まります。

越冬温度といいますが、その越冬温度以上の気温で管理して冬越しさせます。鉢土を乾燥気味に管理したほうが、そうでない場合にくらべて耐寒性は高くなります。ただし、暖房の効いた部屋は乾燥気味になるため、ときどき霧吹きなどで葉水を与えるようにしましょう。

葉水で湿度を保つ

乾燥するようなら霧吹きで葉水を与えて湿度を保つ

気温が下がったら水やりを控える

気温が下がり始めると、多くの観葉植物は生育を鈍らせてきて、根からの吸水量も減り始めます。秋も深まって、たっぷりと日光が当たる場所に置いて、たっぷりと日光が当たる場所に置いて、たっぷりと気温が下がってきたら水やりの回数を減らし、鉢土を乾燥気味に管理するようにします。

冬越し中の置き場所

冬になると春〜夏にくらべて日射しも弱くなります。日中は窓際のガラス越しの日光が当たる場所に置いて、たっぷりと日光に当てましょう。

ただし、夜間になって日射しがなくなり、外気温が下がってくると、窓際は温度が極端に下がり、部屋の中心部のほうが暖かくなります。夜

冬越し中の置き場所

冬は昼と夜とで気温が変わるため、置き場所を変える必要がある

高温性の植物は保温の必要も

低温に強い観葉植物であれば、部屋の中に置けば比較的容易に冬越しをさせられますが、高温性の植物では、夜間に保温の必要が生じる場合があります。

ワーディアンケース（加温器や加湿器などがついた保温設備。アルミなどの金属の枠組みにガラスをはめ込んだものが多い）などの保温設備があればよいのですが、ない場合は、夜になったら窓際に置いた観葉植物を、部屋の中央付近など、温度が下がりにくい場所に移動させましょう。

夜間には段ボールの箱などをかぶせ、その上から毛布を掛けるなどして保温に努めましょう。

高温生植物の保湿

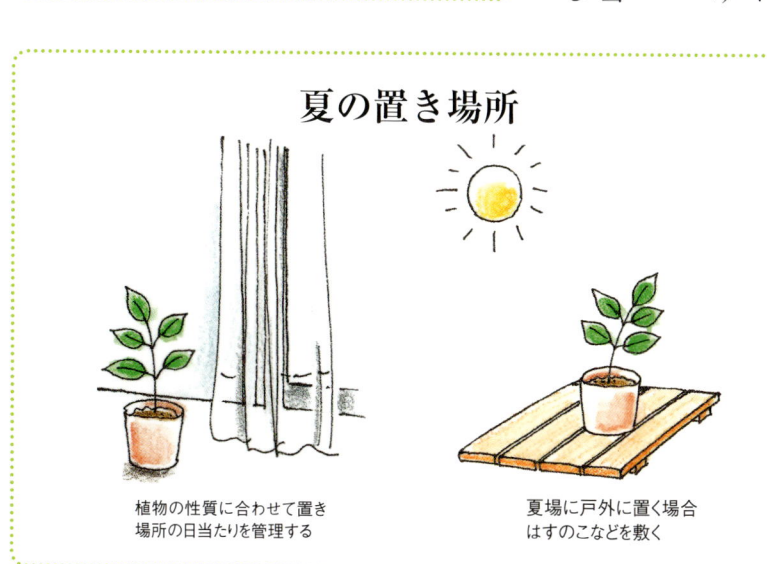

保温設備がない場合は、夜間に段ボールをかぶせ、毛布を掛けて保温する

夏越しのポイント

クロトンなど強光線を好むものを除けば、強い直射日光に当たると葉焼けするため、遮光が必要となります。とくに、斑入りの品種や、もともと森林内の半日陰の場所で育つ植物などは、遮光が適当でないとすぐに葉焼けを起こします。

観葉植物の多くは熱帯や亜熱帯に自生するものが多く、夏の暑さには強いのですが、そのような場所では日中熱くてもスコールのあとや夜間には気温が下がります。熱帯夜が続くような場合、いくら高温に強い観葉植物でもその負担は大きいといえます。午前中だけでなく夕方にも水やりをして、夜間の温度を下げてあげましょう。

戸外に置いたものは直接地面に置かず、すのこなどを敷いて地面から離し、熱気や照り返しの暑さを防ぎます。熱くなりやすいためコンクリートの上に置くことは避けましょう。

室内に置いた場合は、エアコンの冷気に直接当てないように注意しましょう。また、エアコンで空気が乾燥するため、水やりだけでなく、こまめに葉水を与え、乾燥を防ぎましょう。

夏の置き場所

植物の性質に合わせて置き場所の日当たりを管理する

夏場に戸外に置く場合はすのこなどを敷く

植え替え

大きく育った株や根詰まりした株は植え替えを

観葉植物は鉢で栽培することが多く、株が大きくなったり、根がふえて根詰まりしたときなどに、植え替えが必要となります。

とはいってもすべての種類のどの株も植え替えが必要となるわけではありません。観葉植物の種類ごとに生育のようすは異なり、それによって植え替えの必要性や植え替えのタイミングが異なります。育てている株の生育状態、鉢と株の大きさのバランスなどを見て、植え替えが必要かどうかを判断します。

水やりのとき鉢底からなかなか水が抜けない株や、鉢底の穴から根が出たり、根鉢が鉢から盛り上がるように出てしまっている株は根詰まりしているため、時期を見て植え替えをします。

植え替えは、根の生育が活発な初夏から夏にかけて行うのが一般的です。植え替え時にはできるだけ根を傷めないように、また古く傷んだ根を切り取り、新しい土で、ひとまわり大きな鉢に植えつけます。

1 鉢と株とのバランスが悪くなったら植え替える

3 根鉢についた古い土をピンセットなどで落とし、根をほぐす。根は上から下へほぐす

植え替え
ドラセナ・コンシンネ

用意するもの
- ハサミ
- 鉢
- 赤玉土大
- 観葉植物専用土または用土（ピートモス6、赤玉土小3、パーライト1、緩効性化成肥料適量）
- ピンセット
- 細い棒
- 支柱
- ジョウロ

2 鉢から株を抜き取る。このとき鉢の縁をたたくと株が抜きやすくなる

4 古い根、傷んだ根を切り取る。新しい根が出ている場合は古く太くなった根を新しい根の近くで切り取る

176

8 高さが決まったら用土を入れる。株もとのあたりまで土が埋まるようにする

5 葉が茂りすぎている場合は、蒸散（葉から水分が水蒸気として出ていく）を防ぐために葉を取り除く

6 鉢の底が見えなくなるくらい赤玉土を入れ、用土を鉢の3分の1ほどの高さまで入れる

9 根のすきまにも土が入るように鉢を回しながら棒などでつつく。根が少ない植物はあまりやりすぎないようにする

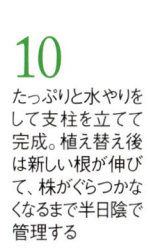

7 株を置いたら、長すぎる根は切り、株もとの高さを用土を入れて調節する

10 たっぷりと水やりをして支柱を立てて完成。植え替え後は新しい根が伸びて、株がぐらつかなくなるまで半日陰で管理する

挿し木 1

観葉植物ではもっともポピュラーなふやしかた

株から切り取って土に挿す部分を挿し穂といいます。挿し穂はふつう5〜7cmほどの長さに切ります。また、挿し穂の葉が多い場合は下葉を切り取り、また葉が大きな場合は数を減らしたり半分に切ったりします。これは葉からの蒸散を抑えるためですが、葉が小さかったり数が多くない場合は必要ないでしょう。

挿し穂を挿す土を挿し床といいます。挿し床にはふつう清潔で、排水性と保水性がよく、肥料分のないものを用い、ふつうパーライトやバーミキュライトなどの単用、あるいは混合したものを用います。生育の盛んな植物であれば、挿し床ではなく、栽培用土に直接挿し木を行うこともできます。鉢上げをしないので簡単です。

挿し床に挿した挿し穂にはたっぷりと水を与え、風が当たらない半日陰の場所に置きます。早いものでは1〜2週間、多くは1〜2カ月ほどで発根します。じゅうぶんに根が育ち、活動を始めたら鉢上げをします。

4 株もとから枝を切り取る

5 切り取った枝を5〜7cmの長さにする

1 伸びすぎた枝を挿し木にする

2 鉢の底が見えなくなるくらい赤玉土を入れる

3 鉢に用土を入れて十分に水を含ませる。用土は挿し穂を挿したときに鉢の縁と高さが同じになるくらい。今回は育苗しないので栽培用土をそのまま使用。挿し床で育苗する場合はバーミキュライトなどを単体で入れる

植え替え
ペペロミア

用意するもの
- ハサミ
- 鉢
- 赤玉土大
- 観葉植物専用土または用土(ピートモス6、赤玉土小3、パーライト1、緩効性化成肥料適量)
- ジョウロ
- ビニール

6 下葉を取り、葉を3〜4枚残し、挿し穂とする

7 葉をしっかりと持って枝を土に挿す

8 仕上がりをイメージして挿し穂を鉢に挿す

9 挿し穂を挿したら、たっぷりと水やりをする

10 水やりをしたら半日陰で管理する。乾燥するようならビニールをかぶせて湿度を保つ。ビニールは口を少しあけておく

挿し木 2

木の場合も長く伸びた枝（茎）を切って挿し木にする

3 葉が大きな場合は半分に切る。葉が小さいものや数が多くないものはそのまま

4 挿し穂は土に4分の3ほど挿すので下葉は取り除く

1 長く伸びた枝を切り、2〜3節残して切り取って挿し穂とする

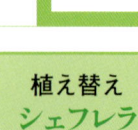

2 切った挿し穂は水を張った皿に入れて給水させる

植え替え
シェフレラ'ホンコン'

用意するもの
- ハサミ
- 鉢
- 皿
- 赤玉土大
- 赤玉土小
- 細い棒
- ジョウロ
- ビニール

180

8
発根促進剤を使えば、挿し木が発根しやすくなる。少量を挿し穂の下部につけて指ではじいて軽く落とす

9
植え穴に挿し穂を4分の3くらいの長さまでしっかりと挿す

5
今回は挿し床で育苗する。鉢の底が見えなくなるくらい赤玉土大を入れ、挿し穂を挿したときに鉢の縁と同じ高さになるように赤玉土小を入れる

6
挿し床ができたら、水をかけて土を湿らせておく

7
細い棒などを使って挿し床に植え穴をつける

10
たっぷりと水やりをして半日陰で管理する。乾燥するようならビニールをかぶせる。ビニールの口は少しあけておくとよい

取り木

幹や枝の一部から発根させて、株をふやします

植物の幹や枝の一部に傷をつけ、その部分から根を出させる方法を取り木といいます。大きな部分を取り木すれば、挿し木などより短期間で観賞できる株を作ることができます。また、挿し木ではうまく発根、活着しにくい植物などに向いています。大きく育ちすぎた株を小さく戻すきなどにも行われます。

取り木には、幹の表皮を環状にはぎ取り、その部分から発根させる環状剥離法と、幹に、下から上に向かって切り込みを入れ、その部分から発根させる切り上げ法などがありますが、一般的には環状剥離法が多く行われます。

環状剥離法では、幹や枝の表皮を2～3cmほどの幅でぐるっとはぎ取り、その周囲を水で湿らせた水苔を巻いてビニールで包んでおきます。水苔を乾かさないように水を与えながら管理すると、おおよそ1～2カ月ほどで発根します。根が出たらその下の部分で親株から切り離し、別の鉢に植え付けます。

取り木 インドゴムノキ

用意するもの
- ナイフ
- 鉢
- 皿
- 水苔
- ビニール
- ひも
- マジック
- ハサミ
- 赤玉土
- 観葉植物専用土または用土（ピートモス6、赤玉土3、パーライト1、緩効性化成肥料適量）
- ジョウロ
- 支柱

1 徒長してしまったインドゴムノキ。取り木をして小さい株に仕立て直す

2 水苔と水を皿に入れて30分～1日ほど置いて湿らせておく

3 葉のすぐ下にナイフで横に1周切れ目を入れ、3cmくらい下もナイフで横に1周切れ目を入れる。ナイフはあまり力を入れずに刃が止まるまで入れる

4 上下の切れ目の真ん中に縦にひと筋切れ目を入れる

9
ビニールの上から根が見えたら、ビニールをはずして、水苔をつけたまま発根した部分の下部を切り取る

10
鉢の底が見えなくなるくらい赤玉土を入れ、用土を鉢の3分の1ほどまで入れる

11
仮植えをして高さを決めたら鉢の8割くらいまで用土を入れる

12
支柱を立てて水やりをして完成。植えつけ後は新しい根が伸びて、株がぐらつかなくなるまで半日陰で管理する

5
切れ目が入ったら手で表皮をはぎ取る

6
湿らせた水苔をぎゅっとしぼり、繊維が縦になるようにそろえてはいだ部分を包む

7
包んだらビニールを巻いてひもで下部を止める。すき間がないように空気を抜き、形を整えて上部も同様に閉じる

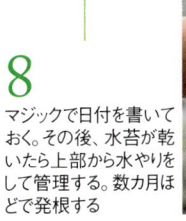

8
マジックで日付を書いておく。その後、水苔が乾いたら上部から水やりをして管理する。数カ月ほどで発根する

183

株分け

比較的失敗が少なく初心者向けの方法

株立ちになるタイプの植物では、株が大きくなったら株分けを行うことができます。挿し木や取り木と異なり、根をつけたままふやすために、比較的簡単で、初心者にも向いている方法といえますが、一度にたくさんふやせません。

株分けはふつう、植え替えのときに行います。植物の種類によっても違いますが、ふつう4月下旬から梅雨明けくらいまでです。

鉢から抜いた株は、まず根を軽くほぐします。その際、傷んだ根を切り、古い土を軽く落とします。また、枯れた葉も切り取ります。根鉢がやわらかい場合は、根を傷めないようにしながら手で分けます。根鉢がかたまってしまっている場合は、ハサミやナイフで切り分けましょう。あまり小さな株に分けると回復に時間がかかるので、ふつう2～10株に分けるようにします。

分けた株は、その株に見合った大きさの鉢にそれぞれ植え付け、しばらくの間、半日陰で管理します。

1 鉢と株とのバランスが悪くなったら株分けをする

2 鉢から株を抜き出す

3 枯れた葉や傷んだ葉を摘み取る

4 ナイフで縦に切れ目を入れる。できるだけ根を傷めないように手で半分に分ける

株分け
スパティフィラム'ミニメリー'

用意するもの
・ナイフ
・鉢
・赤玉土
・観葉植物専用土または用土（ピートモス6、赤玉土3、パーライト1、緩効性化成肥料適量）
・ジョウロ

184

7 一回り大きい鉢に、底が見えなくなるくらい赤玉土を入れる

8 鉢の3分の1ほど用土を入れる

9 株を仮植えにして高さを調整する

10 高さが決まったら、土を入れて株を安定させる

11 たっぷりと水やりをして完成。株分け後は新しい根が伸びて、株がぐらつかなくなるまで半日陰で管理する

5 さらに8〜10芽つくように小さく分ける。今回は芽がたくさんついているので多めに分ける

元気のある根（写真右）は花がつきやすく生長も早い。元気のない根（写真左）は花がつきにくく生長も遅くなる

6 古い根や傷んだ根を切り取り、ピンセットなどで古い土を落としながら軽くほぐす

必要な道具

道具選びは手になじみ、使いやすいものを選ぶ

ハサミ類

1. 刃先の細いものは込み入った部分の剪定に便利です。刃先が細い物ほど細かい作業に対応できます。
2. 刃先の太い剪定バサミは太い枝や茎を切るときに使います。手になじむものを選べば、作業も楽になります。
3. 木バサミは刃先が細く、密集した小枝や葉などを切るときに使います。
4. 包丁やナイフは株分けなどに利用します。

鉢

素材、大きさなどによって多くの種類があります。大きさの規格は「号」で表し、鉢の号数×3cmが鉢の直径です。つまり、3号9cm、5号は15cmになります。苗で使われているものは3号ポットが多いです。

霧吹き

葉水を与えるときに使用します。害虫の防除にも役立ちます。

ジョウロ

ジョウロは植物に水やりをするときに欠かせない道具です。葉に水がかからないようにするときは、ハス口をはずして使用します。

手袋類

1. 革製の手袋は、とげがあるような植物の手入れ時に使用します。
2. 軍手はふだんの手入れや作業に使います。
3. ゴム手袋。肥料を与えたり水を使う作業の時に便利です。

移植ゴテ

用土を混ぜたり、鉢に土を入れたりするときに使用します。持ち手がついていないコップのような形の「土入れ」も便利です。

観葉植物用語解説

ア

園芸品種【えんげいひんしゅ】
人為的な選択、交配などによって作り出された品種のうち、園芸としての利用を目的としたもの。

黄化【おうか】
葉や茎が黄色くなること。日光が不足したため光合成が十分に行われず、葉緑素が作り出されずに変色する。直射日光を嫌う植物であっても、光が不足すると、黄化しないまでも葉色が悪くなる。

置き肥【おきひ】
固形肥料を鉢土の上に置いて肥料を施すこと。またはその肥料をいう。追肥のひとつの方法。

親株【おやかぶ】
挿し木や株分けなど繁殖に利用する際のもとの株。

カ

花芽【かが】
→花芽（はなめ）

過湿【かしつ】
植物が処理できる以上の水分を与えて鉢のなかの湿度が高くなっているようす。

花序【かじょ】
花がついている茎全体をさす。あるいは茎についた花の並び方をいう。

活着【かっちゃく】
挿し木などをした植物が、根づいて生長すること。

株立ち【かぶだち】
多くの茎や枝が、株の地ぎわから生えること、その状態。

花柄【かへい】
一つひとつの花をつけている柄の部分。花梗（かこう）ともいう。

緩効性肥料【かんこうせいひりょう】
肥料の効き方による分類で、施したあと、効果がゆっくりと現れるタイプのもの。生育期間が長い植物に適している。

環状剥離【かんじょうはくり】
取り木の方法のひとつで、幹や枝の一部の、樹皮と形成層を環状にはがし、その部分から発根させる。

気根【きこん】
地上の茎から発生し、空気中に露出した根。

休眠【きゅうみん】
植物には、その生育に適した温度や湿度などの条件があり、その条件が適さない時期に、生育を一時的に停止する。その状態を休眠という。

切り詰め【きりつめ】
→切り戻し

切り戻し【きりもどし】
株の仕立て直しのひとつで、伸びすぎた枝や傷んだ枝などを切り取り、株全体の大きさを小さくすること。

茎挿し【くきざし】
茎や枝を切り取り、その一部を挿し穂とする挿し木法。

光合成【こうごうせい】
葉緑素をもつ植物が、日光（太陽エネルギー）を利用して、大気中から吸収した二酸化炭素と根など

から吸収した水を原料として、糖類などの有機物を合成すること。

子株【こかぶ】
もとになる株（親株）の根ぎわや横に這う茎などから発根してできる、新しい株のこと。

腰水【こしみず】
用土を入れた鉢の下部を別の容器にためた水に浸して、鉢の底から水を給水させる水やりの方法。

サ

挿し木【さしき】
幹や枝の一部を切り取り、土に挿すなどして発根させ、新しい株を作り出してふやすこと。

挿し床【さしどこ】
挿し木において、挿し穂を挿す場所。

挿し穂【さしほ】
挿し木をするために、もとの株から切り取った枝や茎。

挿し芽【さしめ】
草本植物（いわゆる草）の茎や葉、根を切り取って土に挿し、発根・発芽させてふやす方法。木本類（いわゆる樹木）でいう挿し木にあたる。

187

下葉【したば】
茎や枝の下のほうについている葉。多くの植物は、茎先や枝先に養分を集中させる性質があるため、生育に不都合なことがある場合、下葉ほど枯れやすい。

遮光【しゃこう】
直射日光が当たらないように、なんらかの方法で光を遮り、弱めること。樹木の下、レースのカーテン、寒冷紗、よしず、などを利用する。

小葉【しょうよう】
葉身(いわゆる葉の部分)が、いくつかの葉が集まったように複数の部分に分かれている葉を複葉(ふくよう)といい、その複葉を形づくっている一つひとつの部分を小葉という。

蒸散【じょうさん】
葉から水分が水蒸気となって排出されること。

節【せつ】
茎の葉のつく部分のこと。

節間【せっかん】
茎の葉のつく部分を節といい、その節と節との間を節間という。

施肥【せひ】
肥料を与える作業のこと。

剪定【せんてい】
株の形を整えることを目的に、枝葉を切り取ること。

前年枝【ぜんねんし】
前年に伸びた枝のこと。

草本【そうほん】
木部が発達しないで、草質の茎や葉をもった植物。いわゆる草。一、二年草と多年草に分けられ、多年草は冬に地上部が枯死して地下部だけが残って冬越しするものと、地上部の一部分に切り込みを深く入れ、その部分から発根させて切り取る。

そぎ上げ法【そぎあげほう】
取り木の方法のひとつで、幹や枝、茎の一部分に切り込みを深く入れ、その部分から発根させて切り取る。

タ

多肉植物【たにくしょくぶつ】
茎葉や根が肥大化・肉厚になり、水分を蓄えられるようになっている植物。乾燥に強い。

短日植物【たんじつしょくぶつ】
一日の日照時間が、ある一定の時間より短くなってくると花芽を分化させ、開花する植物。夏から秋にかけて花を開く植物がこれにあたる。

単葉【たんよう】
茎の節につく葉が1枚のものをいう。

着生【ちゃくせい】
岩や他の植物の幹や枝などに根づいて生育する植物の性質。

頂芽挿し【ちょうめざし】
挿し木において、茎や枝の先の部分を挿し穂として挿す方法。

追肥【ついひ】
植えつけ後、失われてきた肥料成分を補うために施す肥料。一般にその植物の生育期に施す。

摘芯【てきしん】
茎先や枝先を摘み取り、わき芽の発生を促すために行う、整枝法のひとつ。

徒長【とちょう】
枝や茎が異常に長く伸びてしまう現象。光線不足や肥料過多が原因で起きることが多い。

ナ

根腐れ【ねぐされ】
根が腐ってしまうこと。水の与えすぎによる過湿、肥料過多、病害虫の影響など株全体が衰弱する。が原因で起きる。

根詰まり【ねづまり】
鉢植えの植物で、根が育ち、鉢土のなかに根がいっぱいになってしまうこと。水はけ、通気性が悪く酸素が根に供給されないため、株が衰弱してくる。

根鉢【ねばち】
鉢植えや地植えの植物を掘り起こしたときに、ひとかたまりになった根と土の部分。

根伏せ【ねぶせ】
挿し木の方法のひとつで、挿し穂として根を使うもの。親株の根の一部を切り取って、挿し木の要領で切り取った根を土に埋めて発根させる。

ハ

ハイドロボール【はいどろぼーる】
水耕栽培専用の人工土のこと。

葉挿し【はざし】
挿し木のひとつの方法で、挿し穂として1枚の葉を使うもの。

鉢上げ【はちあげ】
苗床に種をまいたり、挿し木で挿し床に挿した苗を、はじめて鉢に移植すること。

花芽【はなめ】
生長して花を咲かせる芽。

葉水【はみず】
霧吹きや、ハス口をつけたジョウロなどで、葉に水を与えること。空気中湿度を高くしたり、葉についた害虫やほこりなどを落とす役割がある。

葉焼け【はやけ】
強い日光によって葉が傷み、茶色や黒色に変色して、やがて枯れてしまう現象。

肥料負け【ひりょうまけ】
→肥料焼け

肥料焼け【ひりょうやけ】
肥料を与えすぎたり、直接肥料が根に触れることによって生じる障害。根が傷み、根腐れを起こして株が衰弱し、葉が変色したり落葉したりする。場合によっては枯れてしまう。

斑【ふ】
葉の表面に現れた白色や黄色、淡緑色などの斑点や縞模様をいう。

複葉【ふくよう】
何枚かの小葉が集まって、1枚の葉を形づくっている葉。

不定芽【ふていが】
植物の芽は通常茎の先端や葉のわきに生じる。それら以外の場所に生じる芽を不定芽という。

ヘゴ柱【へごばしら】
シダ植物のヘゴの茎から作られた園芸資材。ヘゴ棒ともいう。

苞【ほう】
花序や花の下部にあって、花芽を包み保護するために変形した葉。

朴物【ぼくもの】
太い幹を丸太状に切って、発根・発芽させて仕立てた鉢物をいう。ユッカやドラセナなどの代表的仕立て方。

匍匐茎【ほふくけい】
株もとから発生して、地面を這うように伸びた茎。匍匐茎の途中から根が発生して地面に伸び、子株が発生する。

マ

実生【みしょう】
種をまくことでふやした苗のこと。

水あげ【みずあげ】
挿し木や挿し芽をするときに、枝や茎から切り取った挿し穂を挿す前に水に浸し、切り口から水を吸わせること。

元肥【もとひ】
植物を植えつけるときに、植えつけ場所にあらかじめ施しておく肥料。効果がゆっくりと長持ちする肥料を用いる。

ヤ

葉腋【ようえき】
茎に葉がつく部分。この葉のわきから芽が発生する。

葉柄【ようへい】
葉の基部で、枝や茎と葉身との間の細くなった部分。

幼葉【ようよう】
生育途中でまだ育ちきっていない葉。成葉（育ちきった葉）とは異なる形をしたものもあり、観葉植物では幼葉を観賞するものも少なくない。

ラ

ランナー【らんなー】
茎のひとつの形で、株の地表付近から出て地面に這うように伸び、株から少し離れた部分で根と芽を出し、子株をつける。

ロゼット【ろぜっと】
とても短い茎から、扁平な葉が数多く地面に接するように放射状に広がってつく状態。

ワ

矮性【わいせい】
通常の大きさより全体的に小さい状態で生長する性質。そのような性質を持った品種を矮性品種という。ドワーフともいう。

'チョコレートクイーン'
　（コルジリネ）··············72
チランジア··············35
'ツディ'（ネフロレピス）··············80
ツピタンサス··············100
ツルビロードサンシチ··············58
ディジゴセカ··············102
ディフェンバキア··············104
テーブルヤシ··············160
テディーベアパーム··············162
デュランタ··············106
デンシンラン··············154
トックリラン··············108
ドラカエナ··············110
ドラセナ··············110
ドラセナ・コンシンネ··············110
トラディスカンチア··············112
トラディスカンチア・
　シラモンタナ··············113
トラノオ··············74
'トリコロール'（アンスリウム）··············43
'トリコロル'（ネオレゲリア）··············34

ナ

ナカフオリヅルラン··············47
'ナヌス'（アスパラガス）··············30
ニコライ··············96
ニシキイモ··············50
'ニューカランコエ'
　（カランコエ）··············54
ネオレゲリア··············34
ネフロレピス··············80
ネペンテス··············93
ネムノキ··············114
ノリナ··············108

ハ

'バイオレット'（デュランタ）··············106
パイナップル··············32
ハイビスカス··············118
ハイモ··············50
パキラ··············120
白銀の舞··············55
パーセノシッサス
　'シュガーバイン'（シッサス）··············82
ハートカズラ··············116
'ハッピー・イエロー'··············77
バナナ··············122
パピルス··············84
パープル・パッション··············58
'浜娘'（デュランタ）··············107
パーム··············160
'バリエガータ'（ユッカ）··············157
'バリエガタ'（デュランタ）··············107
'バリエガタ'（パキラ）··············120
ハリマツリ··············106
'バロック'（ベンジャミナ）··············131
'バンテルセンセーション'
　（サンスベリア）··············75
ビカクシダ··············81
ヒトデカズラ··············134
ヒビスクス··············118
ヒポエステス··············124
ヒポエステス··············125
ヒメカズラ··············134

ヒメモンステラ··············155
ピレア··············126
ピレア··············127
ピレア・ベビーリーフ··············127
ビロードサンシチ··············58
'ピンクゼブラ'
　（クリプタンサス）··············34
'ピンクチャンピオン'
　（アンスリウム）··············43
フィカス··············128
フィカス・プミラ··············129
フィカス類··············128
フィクス··············128
フィットニア··············132
フイリクワズイモ··············41
斑入りシマトネリコ··············87
斑入りスパティフィラム··············99
フィロデンドロン··············134
フェニックス··············162
'フェローザ'（アンスリウム）··············42
フカノキ··············76
プテオラータ··············146
ブライダルベール··············136
プレクトランサス··············138
'フレンチマーブル'
　（シンゴニウム）··············94
ヘイシソウ··············92
ヘゴ··············81
ベゴニア··············140
ヘデラ··············142
ベニヒモノキ··············26
ベビーティアーズ··············144
ペペロミア··············146
ベンジャミナ··············130
ベンジャミナ'シタシオン'··············129
ヘンヨウボク··············64
'ヘンリアーナ'（シッサス）··············83
ポトス··············148
ポニーテール··············108
'ホワイト・クリスマス'
　（カラジウム）··············51
'ホワイト・バタフライ'
　（シンゴニウム）··············95
'ホワイトラジャ'（アグラオネマ）··············29
'ホンコン'（シェフレラ）··············76

マ

'マッサンゲアーナ'（ドラセナ）··············111
'マーブルクイーン'（ポトス）··············149
マランタ··············150
ミドリサンゴ··············152
ミドリノスズ··············62
ミニマ··············155
ミルクブッシュ··············152
'ミントリーフ'
　（プレクトランサス）··············139
迷彩バナナ··············123
'メイリー'（アスパラガス）··············31
'メリー'（スパティフィラム）··············98
モウセンゴケ··············93
'モナ・ラベンダー'
　（プレクトランサス）··············138
モミジバアラリア··············102
モンステラ··············154

ヤ

ヤシ類··············160
ユキボウズ（シペラス）··············85
ユッカ··············156
ユッカ・アロイフォリア··············157
ユッカ・エレファンティペス··············156
ユンケア··············97

ラ

'ライム'（ポトス）··············148
ラステリアーナ··············162
ラディカンス··············44
ラブ・チェーン··············116
'リオ'（ハイビスカス）··············119
リップスティックプランツ··············44
'リバーレース'（ヘデラ）··············142
リュウキュウベンケイ··············54
リュウケツジュ··············110
リュウビンタイ··············80
ルリゴクラクチョウカ··············96
レウコネウラ・エリスロネウラ··············151
レウコネウラ・
　ケルショヴィアナ··············150
レギナエ··············97
'レッドスター'（コルジリネ）··············73
'レディーハート'
　（ハートカズラ）··············117
'レモン・ライム'
　（フィロデンドロン）··············135
'レモンライム'（ドラセナ）··············111
'ローレンティ'（サンスベリア）··············74

ワ

ワイヤープランツ··············158
ワイヤープランツ··············159

文字の色について

太い文字が赤色のものは、日なたを好む観葉植物です。
太い文字が黒色のものは、半日陰〜日陰を好む観葉植物です。
太い文字が青色のものは日陰でも育てられる観葉植物です。

※日陰でも育てられる観葉植物もある程度、日光に当てる必要があります。

さくいん

太字は本文の見出し項目(本項目)、右ページ写真項目名(一部を除く)です。細字は別名と写真で取り上げた項目名、流通名を示します。'○○'となっているものは品種名を表します。

ア

アイビー	142
アオサンゴ	152
アカサヤネムノキ	114
赤斑バナナ	123
アカリファ	**26**
アカリファ	27
アカリファ・ヒスパニオラエ	26
アグラオネマ	**28**
アサバソウ	126
アジアンタム	78
アジアンタム 'フリッツ・ルーシー'	79
アスパラガス	**30**
アスプレニウム	79
'アツバ'(クロトン)	65
アナナス	32
アナナス類	**32**
'アビス'(アスプレニウム)	79
アフェランドラ	**36**
アフェランドラ・シンクラリアナ	37
アミメグサ	132
'綾錦'(カンノンチク)	56
アラリア	102
アルギレイア	146
アルティッシマ	128
アルティッシマ	128
アルテシーマ	128
アルミニウムプランツ	126
アレカヤシ	161
アロエ	**38**
アロエ・ベラ	38
アロカシア	**40**
アロカシア・アマゾニカ	40
アンスリウム	**42**
アンブレラツリー	100
アンブレラプラント	84
'イエローリップル'(ヘデラ)	143
イシャイラズ	38
イングリッシュアイビー	142
インドクワズイモ	41
インドゴム	128
インドゴムノキ	130
インドヤツデ	100
ウツボカズラ	93
エアプランツ	35
'エクセレント'(クロトン)	64
エクメア・ファッシアータ	33
エスキナンサス	**44**
エスキナンサス	45
'エドノハナビ'(クロトン)	65
エバーフレッシュ	114
エバフレッシュ	114
'エメラルドレース'(プレクトランサス)	138
'エレン・ダニカ'(シッサス)	83
'エンジョイ'(ポトス)	149
'エンペラー'(カラテア)	52
'黄金花月'(クラッスラ)	61
オウゴンカズラ	148
オオベニウチワ	42
オーガスタ	96
オーストラリアビーンズ	48
'オータム'	134
オリヅルラン	**46**
オレンジジャスミン	66

カ

カイエンナッツ	120
花月	60
ガジュマル	131
カスタノスペルマム	**48**
カナリーヤシ	162
金のなる木	60
'カミーラ'(ディフェンバキア)	104
'カミュ'(ディフェンバキア)	104
カヤツリグサ	84
カラジウム	**50**
カラテア	**52**
カラテア・マコヤナ	53
カランコエ	**54**
カランコエ・プミラ	55
'カーリーラッシュ'(ベゴニア)	141
カンガルーアイビー	82
カンノンチク	**56**
キダチアロエ	38
キダチロカイ	38
ギヌラ	**58**
ギヌラ	59
キフペペロミア	146
キペルス	84
'キャスター・バリエガタ'(ディジゴセカ)	103
キャットテール	26
'錦松'(シュロチク)	91
キンヨウボク	36
キンランジソ	70
'クイーン・ローズ'(カランコエ)	55
クサスギカズラ	30
グズマニア・マグニフィカ	35
グッドラック・プランツ	72
クラッスラ	**60**
グリーンネックレス	**62**
'グリーンネックレス'	62
'グリーンマジック'(ディフェンバキア)	105
クリプタンサス	34
'グレーシャー'(ヘデラ)	143
グレープアイビー	82
クロトン	**64**
クロトンノキ	64
クワズイモ	41
ゲッキツ	**66**
ケロペギア	116
ケンチャヤシ	161
コウモリラン	81
ゴクラクチョウカ	97
幸福の木(ドラセナ)	111
'小判錦'(カンノンチク)	57
コーヒーノキ	**68**
コリウス	**70**
コリウス	71
コルジリネ	**72**
コンシナ(ドラセナ)	110
コンシネ(ドラセナ)	110
コンシンネ(ドラセナ)	110
'コンパクタ'(ピレア)	126

サ

'サニーイエロー'(フィットニア)	132
'サニーグリーン'(フィットニア)	133
'サニーレッド'(フィットニア)	133
'サマーレッド'(ハイビスカス)	118
サラセニア	92
サワウチワ	98
サンゴアナナス	33
サンシチソウ	58
サンスベリア	**74**
'サンダース'(コルジリネ)	73
'ジェティー'(ヘデラ)	143
シェフレラ	**76**
'システィーン'(ベゴニア)	140
シダ類	78
シッサス	**82**
シペラス	**84**
シマトネリコ	**86**
シマフムラサキツユクサ	112
ジャカランダ	**88**
ジャックとマメの木	48
'シュガーバイン'(シッサス)	82
シュロカヤツリ	84
シュロチク	**90**
食虫植物	**92**
シルクジャスミン	66
'シルバークイーン'(アグラオネマ)	28
シロガスリソウ	104
シンゴニウム	**94**
シンノウヤシ	162
'スターシャイン'(シェフレラ)	77
ストレリチア	**96**
スパティフィラム	**98**
'スプレンゲリー'(アスパラガス)	31
'スポットライト'(ワイヤープランツ)	158
セイヨウキヅタ	142
セネシオ	62
ゼブリナ	53
ゼブリナ	112
セローム	135
'センセーション'(サンスベリア)	75
センネンボク	72
ソバカスソウ	124
ソレイロリア	144

タ

'タイガー'(ベゴニア)	141
タイワンシオジ	86
'ダニア'(アフェランドラ)	36
チトセラン	74

191

［監修］
渡辺 均（わたなべ ひとし）
1966年北海道生まれ。千葉大学大学院准教授（園芸学研究科）。専門は花卉園芸学、植物育種学。主な業績はペチュニアと近縁属の遺伝資源解析、観賞植物の育種に関する研究、屋上緑化および壁面緑化に関する研究、花卉苗の生産技術に関する研究がある。

［写真協力］アルスフォト企画、田中つとむ、フォト・オリジナル
［執筆協力］川上はるか、田中つとむ
［イラスト］宝代いづみ

［デザイン］奥谷 晶
［Ｄ Ｔ Ｐ］林 智彦（レタッチ）、玉井美香子（組版）
（以上クリエイト・ユー）

［撮影協力］オザキフラワーパーク
東京都練馬区石神井台4-6-32　〒177-0045
tel：03-3929-0544
Fax：03-3594-2874
http://www.ozaki-flowerpark.co.jp/

［編集制作］雅麗

※P55 'クイーン・ローズ' は商標登録です。

インテリアグリーンを楽しむ
はじめての観葉植物 育て方と手入れのコツ

監修者	渡辺 均
発行者	池田 豊
印刷所	大日本印刷株式会社
製本所	大日本印刷株式会社
発行所	株式会社池田書店

〒162-0851　東京都新宿区弁天町43番地
電話03-3267-6821（代）／振替00120-9-60072

落丁・乱丁はおとりかえいたします。
ⓒK.K.Ikeda Shoten 2008, Printed in Japan

ISBN978-4-262-13618-9
本書のコピー、スキャン、デジタル化等の無断複製は著作権法上での例外を除き禁じられています。本書を代行業者等の第三者に依頼してスキャンやデジタル化することは、たとえ個人や家庭内での利用でも著作権法違反です。

1101712